이 책을 선택한 분에게 추천하는
처음북스의 자기계발 시리즈

| 정리 |

주변이 섹시해지는 정리의 감각

지은이 **브렌다 에버디언, 에릭 리들** | 옮긴이 **신용우**

우리는 필요없는 물건을 잔뜩 끌어안고 평생을 살아간다.
이 책은 필요한 것과 잡동사니의 차이를 말해줄 것이다.

거의 모든 것의 정리법

지은이 **저스틴 클로스키** | 옮긴이 **조민정**

거실, 자동차, 기저귀, 가방, 지갑, 인간관계, 시간, 남편(?)까지.
당신이 찾는 모든 것의 정리법. 강박증 환자가 어떻게 정리의 달인이 되었을까?

| 설득 · 스피치 |

그린라이트 스피치

지은이 **이지은**

이성의 가슴을 뛰게 하는 결정적 한마디.
호감가는 사람이 되는 건 호감가는 말이 아니라 호감과는 사람의 변화하는 것이다.

말하지 말고 표현하라

지은이 **박형욱**

말을 잘하게 하는 프로그램은 많다. 그러나 진정한 자신을 표현하는 방법을 알려주는 프로그램을 본 적 있는가? 20년차 성우의 울림 있는 제안.

마음을 움직이려면 애드립하라

지은이 **스티브 야스트로우** | 옮긴이 **정희연**

식상한 영업 멘트 때문에 고객은 지쳤다. 설득은 번지르르한 영업멘트가 아니라 경청과 즉흥적인 대화로 이루어질 수 있다.

정중하지만 직설적으로

지은이 **앨런 파머** | 옮긴이 **문지혜**

예의를 지키면서도 빠르게 문제의 본질에 접근하는 대화법이 있다. 정중하지만, 직설적으로. 정.직 대화법

| 미래에 대한 불안감 극복 |

미생, 완생을 꿈꾸다

지은이 **정민주 외**

토요일 아침 7시 30분, 불타는 금요일 밤을 포기하고 카페에 모여 하버드 비즈니스 리뷰를 읽고 토론하는 사람들. 그들에게 어떤 미래가 펼쳐지고 있는가.

| 성찰하는 자세 |

도시의 명상은 지혜가 된다

지은이 **로드로 진즐라** | 옮긴이 **김동찬**

만약 부처라면 이 거지같은 도시인의 생활 속에서 어떻게 안정을 되찾았을까?
현대를 살아가는 도시인의 명상법을 알려준다.

내려놓기의 즐거움

지은이 **주디스 오를로프** | 옮긴이 **조미라**

직관의 말을 듣고 모든 것을 내려놓는 것은 패배가 아니다.
그럼으로써 인생은 더욱 풍요로워지고, 결국 성공한 인생이 된다.

인생을 바꾸는 네 가지 선택

지은이 **리차드 폴 에반스** | 옮긴이 **권유선**

투렛 증후군, 모진 가난을 뚫고서 베스트셀러 작가로 우뚝 선 리차드 폴 에반스가
들려주는 아름다운 삶의 노래.

디지털 디톡스

지은이 **프란시스 부스** | 옮긴이 **김선민**

주의를 산만하게 하는 디지털 디바이스에 둘러싸여 살아 가고 있는 지금.
우리는 어떻게 다시 집중력을 회복할 수 있는가?
9단계에 걸쳐 집중력을 회복하고 디지털 디바이스에서 벗어나는 방법을 알아보자.

스토리로 두 번 합격하라

초판 1쇄 발행 2016년 9월 20일

지은이   정도성
발행인   안유석
편집장   이상모
편 집   전유진
표지디자인   박무선
펴낸곳   처음북스, 처음북스는 ㈜처음네트웍스의 임프린트입니다.

출판등록 2011년 1월 12일 제 2011-000009호
전화 070-7018-8812 팩스 02-6280-3032
이메일 cheombooks@cheom.net

홈페이지 cheombooks.net 페이스북 /cheombooks
ISBN 979-11-7022-086-2 03320

스펙 없이 삼성에 '두 번' 합격한 취업 전략

스토리로 두번 합격하라

정도성

SPEC을 버리고
STORY를 취해서
SAMSUNG에 합격하다

처음북스

연애도
취업도
오직 1안타

대학교 때 친구 중 한 명이 헌팅의 고수였다. 아니, 성공률이 높지 않으니 고수로 부를 수는 없고, 지치지 않는 헌팅의 구도자쯤으로 하자. 그 친구는 항상 '남자는 1안타'를 외쳤다.

"얘들아, 남자는 1안타야. 아무리 삼진을 많이 당해도 1안타만 치면 돼. 일부다처제도 아니고, 일부일처제에서는 한 번만 헌팅에 성공하면 되는 거야."

그 친구는 70번 가까운 노력 끝에 헌팅에 성공했다. 타율로 따지면 0.014. 1푼4리. 이 정도면 선수도 아니다. 사회인야구에서도 쫓겨날 타율이지만, 다행히 헌팅은 야구가 아니고 타석에 들어설 기회조차 막지는 않았다. 70타수 1안타의 전설적인 타율을 남긴 그는 1안타의 결실로 결혼까지 이르렀다. 말 그대로 Home run을 이룬 셈이다.

연애도, 결혼도 원래 1안타만 치면 된다. 특히 결혼은 1안타가 가장 적절하다. (이 분야에서 타율왕은 엄청난 스트레스와 피로를 동반할 수 있다. 비추.)

취업도 1안타면 된다.

주변을 보면 나보다 쉽게 취업하는 사람들이 많이 있다.

고스펙으로 취업이 잘되거나, 명문대라서 취업을 잘하거나, 빽이 좋아 쉽게 취업하는 이들도 많다.

이들이 취업하는 과정은 비교적 수월해 보이지만, 결과론적으로는 부러워할 필요도 없고, 비교하며 우울해할 이유도 없다.

그래봐야 직장 한 개 다닌다.

스펙 좋다고 여러 개 직장을 동시에 다닐 수도 없다. 여러 개 서류 합격해봐야 면접 갈 수 있는 곳은 점점 줄어들다가 결국 다니는 직장은 한 개다.

그들의 취업 과정이 비교적 수월하고, 선택할 수 있는 선택지가 많은 것은 당연하다.

그만큼 노력을 한 거고, 그 보상으로 쉬운 길을 가는 게 당연하다.

우린 신나게 놀았으니 그걸로 된 거다.

공부와 취업도 때가 있다고 하는데, 노는 거야말로 정말 때가 있다.

생각 없이 놀 수 있는 시기는 정말 짧다. 그 시기를 놓치지 않고 알차게, 후회 없이 불태웠으면 된 거다. 이제 알차게 놀던 그 정신과 체력으로 짧고 굵게 일자리를 찾으면 된다.

아마도 이 책을 집어든 사람은 취업을 못 했을 것이다. 특히, 스펙이 낮은 상황에서 고통받다가 표지에 이끌려 이 책을 집어 들었을 확률이 크다.

걱정할 필요 없다. 그냥 나에게 맞는 일을 못 만났을 뿐이다.

취업도 1안타다.

취업이 '어렵다'가 취업이 '불가능하다'를 뜻하지 않는다.

지치지 않고 타석에 들어서던 헌팅의 구도자처럼,

취업에서도 지치지 않고 타석에 들어서면

누구나 1안타를 칠 수 있다.

3개월 동안 200타석에 들어서서 취업한 후배도 봤다.

우리가 돼야 할 것은 타율왕도 아니고, 홈런왕도 아니다.

우리에게 필요한 건 삼진을 당해도

다시 타석에 들어설 수 있는 맷집이다.

나도 저스펙으로 힘들게 고생했지만 결국 버티다 보니 기회가 생겼다.

나뿐 아니라, 함께 스터디하던 모든 친구가 비슷했다.

3개월 동안 평균 50개에서 100개의 서류를 넣었지만 통과는 5개 미만이었다.

서류 통과율 5퍼센트로 취업문을 뚫은 셈이다.

극악의 서류 통과율이었지만 15명의 친구들 중 13명이 원하는 기업에 들어갔다.

시작은 미약했지만, 과정은 막힘이 없었다.

이 책을 집어든 서류 통과율 5퍼센트 미만의 학생들도, 시작은 미약하고 힘들지라도 막힘없이 질주하시길 간절히 바란다.

PART 1. 면접 하루 전: 몸으로 말해라

PART 2. 면접 일주일 전: 질문 받지 말고, 질문하게 하라

PART 3. 면접 1개월 전: 자소서, 이렇게 쓰면 망한다

PART 4. 면접 3개월 전: 다함께 성공하는 취업 스터디의 비밀

PART 5. 취업을 대하는 저스펙자의 마인드

면접 하루 전:
몸으로 말해라

STORY

1장.

면접 전야:

첫 인사로 면접관을 사로잡자

사무실은 많다
내 책상이 없을 뿐

　　　　　　　　　　　　　　스물아홉 살, 20대의 마지막 해에 나는 대학교 4학년이 되었다. 토익은 580점에 그 흔한 한자 자격증도 없었다. 나이는 많고 토익점수는 낮으며 자격증은 아예 없다. 취업에서 중요하게 여기는 이 세 가지 스펙이 우리 과에서 압도적으로 안 좋았기 때문에, 트리플 크라운이라는 별명이 생겼다. 늙은 복학생의 얼굴에 대고 트리플 크라운이라고 부르는 사람은 없지만, 친한 후배나 친구들은 대놓고 트리플 크라운이라고 불렀다. 처음에 들을 때는 나도 웃겼는데, 계속 듣다 보니 은근 짜증이 올라왔다. 뒤늦게 스펙을 쌓아야 하나 고민했다. (스물아홉 살의 봄에 고민을 했으니, '뒤늦게'라는 표현을 쓰기도 부끄럽다.) 매우 잠깐 고민했으나 지금 스펙 쌓아봐야 크게 달라질 것 같지 않았다. 어설프게 스펙 쌓기에 몰두하는 짓은 시간을 버리는 짓이라고 생각했다. 내가 아무리 스펙을 잘 쌓아봐야 남들과 비슷해질 수밖에 없다. 치열하게 노력해서 평범해지는 것은 상상하기도 싫었다. 그렇다고 아무것도 안하고 있을 수는 없었다.

알팍하게 고민한 끝에 스펙보다 스토리에 집중하기로 했다. 평범한 스펙을 비범한 스토리로 극복하겠다고 다짐했지만 아무것도 하지 않은 채 4학년 1학기가 끝났다. 이제는 정말 취업하려면 뭔가 해야 할 때다. 스토리를 취업의 무기로 삼기로 했다지만, 뭘 어떻게 해야 스토리가 무기가 되는지 몰랐다. 일단 남들 다하는 취업스터디를 하기로 했다. 마침 학교 취업지원실에서 여름방학 동안 운영하는 취업스터디 부원을 모집 중이었다. 뭔가 처음으로 하려는 데, 타이밍이 딱딱 맞는 느낌. 출발이 좋다는 착각이 들면서 사기가 올랐다. 이번 여름은 취업 준비로 뜨겁게 보내자며 스스로에게 다짐하고 스터디에 지원했다. 그런데 놀라운 일이 발생했다. 취업도 아니고, 취업 스터디에 탈락했다. 깜짝 놀랐다. 취업이 아니라 취업스터디도 통과를 못하다니……. 평범한 스펙을 비범한 스토리로 극복하겠다고 했지만, 난 평범한 스펙이 아닌 열등한 스펙이었다. 스펙 좋은 놈들끼리 모여서 잘 먹고 잘살라는 치졸한 마음으로 취업 스터디에 들어가는 것을 포기하려고 했지만, 취업에 필요한 것들이 너무 없었다. 아니 아무것도 없었다. 아쉬운 내가 고개를 숙일 수밖에 없었다. 스터디 모집에 떨어졌지만, 뻔뻔하게 취업프로그램이 시작하는 날 강의실로 찾아갔다. 그리고 스터디에 합류했다.

뒷문으로 합류한 취업스터디이기에, 정말 열심히 치열하게 했다. 취업 스터디를 하던 2개월이 내 인생에서 가장 뜨거웠던 2개월이었다. 하루에 8시간에서 12시간씩 일주일에 3번 스터디 했다. 스터디를 8시간 하려면 그보다 많은 시간을 준비해야 한다. 혼자 이렇게 했다면 며칠 만에 지쳤겠지만 같은 목표를 가진 친구들과 함께하다 보니 그 시간을 즐길 수 있었다. 여름방학이 끝날 때쯤에는 근거 없는 자신감으로 가득 찼다. 어느 기업이든 상관없이 면접 기회만 주어지면, 무조건 합격할 자신이 있었다.

9월이 되고 공채시장이 드디어 열렸다. 신춘문예 등단을 준비하는 심정으로 자소설을 함께 쓰던 친구들은 한 명씩 면접을 가기 시작했다. 친구들이 면접을 보러 가는 일이 내 일처럼 기뻤다. 스터디 하면서 서로의 자소서를 첨삭해주다 보면, 사례와 표현이 비슷해진다. 누군가의 사례가 좋았다고 하면 서로의 양해 아래 친구의 내용을 빌려가기 때문이다. 스터디를 하는 시간이 길어질수록 '자소서 안의 나'는 점점 닮아간다. 비슷한 내용으로 자소서를 쓴 친구가 합격하는 모습을 보고 있으면, 어찌 기쁘지 않겠는가!

곧 나의 시간이 다가올 거란 확신으로 진심으로 기뻐하고 축하해줬다. 그런데 비범한 스토리를 담은 나의 자소서는 불합격 소식만 전해줬다. 정말 끝없이 탈락만 하기 시작했다. 비범한 스토리로 평범한 스펙을 넘겠다는 내 계획은 출발도 못 하고 좌초하고 있었다. 자소서와 면접 준비에 담은 내용이 '비범한 스토리'라는 건 내 착각인가?' 그저 '평범한 스토리가 열등한 스펙이 걸려 넘어지는 게 아닐까'라는 생각도 들었다. 그래도 지치지 않고 계속해서 원서를 넣었다.

패배의 행진을 계속하던 어느 날, 기분전환을 하려고 친구들과 남산에 올랐다. 아름다운 서울의 야경을 바라보며 농담 한마디를 밝게 툭 던졌다.

"이야~ 저렇게 사무실이 많은데, 내 책상을 놓을 한 평 반의 공간은 없네!"

다들 웃을 줄 알았는데, 여기저기서 우울한 목소리가 터져 나왔다.

"면접만 보면 거침없이 합격할 자신이 있는데, 면접을 보러 오라는 데가 없네."

"이럴 줄 알았으면, 그냥 스터디 하지 말고 놀 걸 그랬어. 어차피 안 되는 거 놀기라도 할걸."

사방에서 봇물 터지듯이 하소연이 터져 나왔다. 괜히 나랑 비슷한 친구들이랑 왔구나 하는 후회가 몰려왔다. 왁자지껄하게 올라왔지만, 수많은 불빛 속에 내 자리 하나 없는 현실을 이야기하다 보니, 숙연해질 수밖에 없었다. 난 비교적 지치지 않고 계속 달리는 중이었지만, 친구들과 이런 대화를 나누고 보니 약간 사기가 꺾였다.

얼마 후, 예상치 못한 서류와 필기시험 합격 소식이 전해져 왔다. 서류 합격은 D화재, 필기 합격은 삼성생명이었다. 정말 깜짝 놀랐다. 내가 삼성의 필기시험에 합격해서 면접을 보러 가다니……. 믿기지 않았다. 필기시험을 보는 날 아침에 너무 졸려서 시험을 안 보려고 했다. 시험공부도 안 했는데 합격할 것 같지도 않고, 지금까지 계속 서류 탈락만 하는 걸 보면 뭘 해도 안 될 텐데 잠이나 더 자자라는 생각이 강했다. 다행히 옥탑방에서 같이 자취하던 후배가 날 일으켜 세웠다. 접수한 노력이 아깝다며 시험 보러 가자고 재촉했다. (지금 생각해보면 그놈이 좀 고맙다.) 막상 시험은 정말 재미있게 잘 풀었지만, 합격할 거라고 크게 기대하지 않았다. 그런데 이게 웬일인가. 준비 없이 본 시험에 합격했다. 미치광이처럼 하늘을 보며 크게 웃다가, 숙연해졌다. 불합격한 회사의 자소서는 마음을 다해 썼지만, 합격한 회사의 것은 크게 신경 쓰지 않고 지원했다. 그런데 신경 안 쓴 회사에 합격했다. 지금까지는 인풋과 아웃풋이 비례하는 세상이었지만, 학교 밖의 세상은 인풋과 아웃풋이 별개인 세상이라는 걸 알았다.

왜 떨어졌는지도 모르지만, 왜 합격했는지도 모르는 게 서류 전형이라는 생각이 들자, 더 절박해졌다. 우연히 찾아온(그 당시에는 그렇게 느꼈다) 기회였다. 이 기회가 가고 나면 언제 다시 올지 몰랐다. 특히 D화재의 면접을 완전히 망쳐버린 후에는 절박함이 점점 강해졌다. 삼성생명 면접이야말로 내 인생 마지막 면접이 될 수도 있었다. 인생 마지막 기회를 그냥 흘려보낼 수 없기에 할 수 있는 모든 것을 다 했다. (할 수 있는 모든 것에 대한 이야기는 다음 장들을 참고하자!) 면접 보기 전까지 1주일 동안 준비를 완벽하게 끝냈다. 더 이상 할 게 없는 것 같았다.

　면접 전날, 옥탑방에 홀로 누웠다. 면접 준비를 치열하게 하긴 했지만, 뭔가 불안했다. 안심이 안 됐다. 시작부터 분위기를 주도할 만한 첫 인사가 더 없을까 고민했다. 내가 선택한 첫 인사는 "삼성생명을 위해 네 발로 뛰는 남자"였다. 고급스럽지 않은 B급 표현이지만, 나를 잘 드러내는 인사말이었다. 적극적인 걸 넘어서 마치 멍멍이처럼 필사적으로 일할 수 있다는 나의 자세를 알려주는 표현이다. 그런데, 뭔가 좀 아쉬웠다. 좀 더 강력한 게 없을 까 고민했다. 방바닥에 누운 채 낮은 천장을 바라보며 면접을 먼저 본 친구의 후기를 떠올렸다. 문득 '절봉이'라는 별명이 붙은 친구의 일화가 떠올랐다. 이 친구는 대학교 1학년 때부터 밤마다 산에 올라가서 운동을 즐겨했다. 학교에 오면 가장 많이 하는 말이 '밥 먹으러 가자', '겜방 가자', '운동하러 가야 돼' 이 세 마디였다. 머리까지 근육으로 찼을 것 같은 친구였는데 얼마 전 백화점을 운영하는 대기업에 최종합격을 했다. 놀랍고도 신기하며 희망찬 일이었다. 합격 비결을 물어보자 의외의 대답을 했다.

　"응, 면접장에서 내 지칠 줄 모르는 체력을 보여주겠다며 팔굽혀펴기를 했거든……. 면접관들이 그게 되게 재미있었나봐. 얼마 후에 티브이 인터뷰에서 내가 팔굽혀펴기를 한 이야기를 하더라고."

　그의 말이 떠오른 나는 조용히 몸을 일으켰다. 인터넷을 켜고, 해당 기업 면접관의 인터뷰를 찾아봤다. 정말 면접관이 내 친구 녀석의 이야기를 하고 있었다. 가방을 뒤져서 미리 출력해놓은 내 수험표를 확인했다. 늦은 오후였다. 아침부터, 하루 종일 면접을 봤을 임원들이 힘들 타이밍이었다. 아침이면 모르겠지만 늦은 오후라면, 말이 아닌 행동으로 하는 첫 인사가 효과적일 것 같았다. 팔굽혀펴기 말고 좀 더 임팩트 있는 게 뭐가 있을까 한참 고민했다. 단순히 몸으로 하는 게 아니라 나의 강점 혹은 기업의 특성과 연결고리가 있어야 했다. 팔굽혀펴기도 해보고, 물구나무를 서볼까 생각도 해보고, 내가 제일 자신 있는 스쿼트를 해보다가 문득 좋은 생각이 떠올랐다. 나도 모르게 씨익 미소를 지었다.

말보다
종아리

면접날, 합격 당락에 가장 큰 영향을 미칠 임원 면접의 순간이 다가 왔다. 귀에 리시버를 낀 진행요원이 말을 건다.

"긴장하지 마시고, 편안히 하세요."

감사합니다라고 말하고, 면접장으로 들어갔다. 문에서 임원들이 앉아 있는 자리까지 정말 멀게 느껴졌다. 나중에 입사해서 면접을 봤던 곳을 가봤는데, 그렇게 크지 않았다. 그런데 면접을 보기 위해 들어설 때에는, 문에서 면접관들 앞에 놓인 의자까지가 패션쇼장의 런웨이처럼 길어 보였다. 최대한 당당하게, 고개를 숙이지 않고 걸었다. 인사를 하고 이름을 말했다. 자리에 앉으라는 이야기를 듣고, 조용히 착석했다. 나를 보지도 않은 채로 이야기한다.

"자기소개 한번 해보세요."

"안녕하십니까. 삼성생명을 위해 네 발로 뛰는 남자 정도성입니다. 저의 장점 세 가지를 말씀드리겠습니다. 저는 근성이 탁월합니다."

네 발로 뛰겠다는 내 말에 살짝 미소를 짓는 일부 면접관이 있었으나, 큰 반응은 없었다. 이것만 준비해왔으면 큰일 날 뻔 했다 싶었다. 근성이 있다는 말을 한 후에 잠시 멈췄다. 순간 정적이 흐르면서, 면접관 일부가 고개를 들기 시작한다. 그때를 놓치지 않고 말을 이었다.

"제 종아리 한번 보여드려도 되겠습니까?"

면접관들이 일제히 고개를 든다. 나는 속으로 크게 웃었다. '옳다구나!' 영문도 모른 채, 그러나 호기심이 가득한 표정으로 면접관이 이야기한다.

"응……. 뭐, 그러세요."

왼쪽 양복바지를 확 들어 올리며 면접관을 향해 알이 꽉 찬 종아리를 보여드렸다. 그리고 힘을 화악 줬다. 면접관들 모두가 이구동성으로 외쳤다.

"오~!"

종아리를 보기 전까지는 분명 근엄한 삼성 임원들이었지만, 종아리를 보고 난 후에는 그냥 친근한 아재들로 변해 있었다. 미소가 가득 찬 표정에는 생기마저 돌았다. 면접관들은 재미있다는 표정으로 나를 뚫어지게 바라보고, 옆 사람과 웃음을 나누기도 했다. 어떤 사람은 웃으면서 내 이력과 자기소개서가 담긴 서류를 다시 한 번 보기도 했다. 몸으로 한 첫 인사에 성공하고 나자 면접관의 행동과 표정이 눈에 들어올 정도로 여유가 생겼다. 면접관의 웃음과 대화가 잠잠해지자 나의 소개를 이어갔다.

"저는 덩크슛을 하겠다는 목적을 이루기 위해 2년 동안 하루도 빠지지 않고 다리 운동을 했으며, 그 결과……."

"잠깐!"

"네?"

솔직히 약간 당황했다. 왜 멈추라고 하지? 뭐 잘못한 게 없는데? 예상 밖의 질문을 받고 어리둥절해하고 있었다. 자기소개를 멈추라고 한 맨 끝의 임원을 바라봤다. 눈이 마주쳤다.

"나머지 다리도 보여줘야지. 한쪽 다리만 발달했는지 어떻게 알아?"

궁금해하는 목소리와 더 궁금해 보이는 표정. 다리 한 번 보여드린 것에 이렇게 재미있어 하시다니……. 솔직히 기대는 했지만, 이렇게 재미있게 면접관들의 호기심을 불러일으킬 거란 생각은 못 했다. 나보다 앞선 면접자가 너무 지루하게 면접을 본 건 아닌가 하는 생각이 들 정도였다.

"나머지 다리도 보여드리겠습니다."

다시 한 번 다리를 걷어 올리며 힘을 줬다.

"오오오~!"

분명 비슷한 사이즈의 근육이지만, 양쪽 다리를 모두 확인한 면접장의 분위기는 더욱 후끈 달아올랐다. 건방진 이야기일 수도 있지만, 나도 모르게 속으로 되뇌었다.

'합격이다.'

종아리를 사용한 첫 인사로 면접관들을 사로잡은 나는, 정말 편안하게 면접을 진행할 수 있었다. 면접도 기본적으로 사람과 사람 사이의 만남이다. 남녀가 처음 만났을 때도 호감도가 더 높고 궁금한 게 더 많은 사람이 감정적으로 을이다. 면접도 사람과 사람 사이의 만남이기에, 남녀 사이의 만남과 비슷한 면이 있다. 구직자이던 나는 구조적으로는 '을'이었으나, 호감이라는 측면에서는 분명히 우위였다. 나에 대한 궁금함이 가득했기 때문에, 면접을 내가 주도할 수 있었다. 15분 정도 면접이 진행될 것이라는 말을 들었지만, 10분을 약간 넘긴 상태에서 면접이 끝났다. 만족스럽다는 듯이 나를 보며 웃는 임원들에게 인사하며 편안하게 나올 수 있었다. 면접장을 나온 나를 보고 진행요원이 약간 놀라며 말을 걸었다.

"벌써 끝나셨어요?"

"네."

결과는 당연히 합격이었다. 오로지 첫 인사 때문에 합격했다고는 할 수 없다. 하지만 종아리로 한 첫인사가 아니었다면, 그렇게 훈훈

하고 편안한 분위기에서 면접을 보기는 힘들었을 것이다. 분위기를 사로잡은 첫 인사, 훈훈한 분위기가 계속 이어졌던 그 다음 질문, 예상보다 빨리 끝난 면접으로 내가 최종 합격했을 거라고 확신할 수 있었다. 최종합격 소식이 나올 때까지 크게 긴장하지 않고 편안한 시간을 보냈다. 모든 지원자 중에서 내 면접 점수가 가장 높다고 확신할 수는 없지만, 편안했다. 내가 가진 것이 100이라면 100 아니, 그 이상을 해낸 면접이었기 때문이다. 면접이 끝난 후 부모님께 전화를 드릴 때 이렇게 말했다.

"이렇게 면접 봤는데도 불합격하면 저랑 안 맞는 회사예요."

다행히 나랑 맞는 회사였다. 그 후부터는 편안한 시간이 아닌 즐거운 시간을 보냈다. 회사에서 주최하는 합격자 모임에도 가고, 후배들이나 동기들을 만나면 자랑스럽게 면접 이야기도 떠들어댔다. 입사가 확정된 대학생의 삶은 정말 재미있었다. 입사 전까지 몇 개월 동안은 이렇게 즐겁게 놀다 가야지 하고 생각했다. 그런데 상상치도 못한 일이 벌어졌다. 신체검사에서 떨어졌다. 가장 좋은 회사를 형편없는 스펙으로 겨우 통과했는데 신체검사에서 떨어지다니……. 대학을 졸업하면서, 이 옥탑방을 탈출할 거라 생각했는데, 졸업도 못하고 다시 옥탑방에 살아야 하나 하는 좌절감이 몰려왔다. 한동안은 믿기지 않았다. 최종적으로 인사팀에서 매우 정중하고 아쉬운 목소리로 나에게 통보했다. 아쉽지만 입사하기 힘드실 것 같다고……. 약간의 기대감은 있었다. 혹시, 다음 번 지원 때 약간의 혜택은 없는지 질문했고, 불이익은 없다는 대답만 들었다. 즉, 모든 채용 프로세스를 처음부터 밟아야 하는 것이다.

힘겹게 정상에 올랐는데, 누가 발로 밀어서 굴러 떨어지는 기분이었다. 일단 창피했다. 학교에서 저질 스펙으로 대기업에 입사했다고 온갖 잘난 척은 다하고 다녔는데, 탈락했으니 얼굴 들고 다니기가 창피했다. 일단 졸업 연장을 했다. 겨울 방학이 됐다. 취업 준비를 하기에는 학교 근처에서 남아 있는 게 좋기 때문에, 여전히 학교 옆 옥탑방에서 자취를 했다. 사람들이 여전히 남아 있는 나를 이상하게 생각했다.

"입사 안 해요?"

"아, 공기업 가고 싶어서, 그냥 입사 취소했어요."

뜨악 하는 사람들의 표정. 말을 하지 않았지만, 얼굴에는 '네가 미쳤구나'라고 쓰여 있었다. 속으로 울부짖었다. '나도 입사하고 싶었다고!'

와신상담이라는 고사성어를 떠올리면서 다음 공채가 시작되길 기다렸다. 다음 해 채용 시즌에 다시 똑같은 회사에 지원했다. 솔직히 서류도 조마조마했다. 남들 다 붙는 서류도 떨어지는 것이 아닌가 마음을 졸였다. 다행히 서류를 합격하고 필기시험을 봤다. 필기 역시 합격했고, 드디어 다시 면접을 보러 갔다. 실무진 면접과 토론 면접을 볼 때는 담담했다. 작년에 이미 경험한 바 있고, 내가 준비한 것에서 벗어나지 않았기 때문에 여유롭게 볼 수 있었다. 드디어 당락에 가장 큰 영향을 미친다는 임원면접이다. 솔직히 이때는 약간 떨렸다. 지난 몇 개월의 시간이 주마등처럼 스쳤다. '원래는 입사해서 일을 하고 있어야 하는 데 다시 면접을 보는구나' 하는 이상한 서러움과 '어쨌건 바닥부터 다시 시작해서 이 자리에 다시 섰다' 하는 성취감이 묘하게 섞였다. 이상하게 감성적으로 변했다. 문이 열리고 면접장에 들어갔다. 내가 들어가는 순간, 앉아 있던 임원 사이에서 '어!'라는 소리가 들렸다.

'삼성생명을 위해 네 발로 뛰겠다'는 인사를 할 틈도 없이 질문이 들어왔다.

"정도성씨는 내가 작년에 합격시켰는데, 왜 또 왔어요?"

신체검사에서 떨어지고 난 후 서류부터 필기, 면접 등 모든 과정을 처음부터 다시 밟고 여기까지 왔다는 이야기를 했다. 면접관은 표정으로 '고생 많았다'라고 말하고 있었다. 돌아온 탕자를 바라보는 삼촌들의 표정이랄까……. 작년에도 최종 면접 시간이 짧았지만, 두 번째 최종 면접은 더 짧았다. 종아리를 보여드릴 필요도 없이, 그간 고생했다는 이야기와 몸은 괜찮느냐는 질문 등이 오고 갔다. 다른 질문도 이었으나, 전혀 어렵지 않았다. 작년보다 더 짧게 면접을 보고, 나왔다. 이번에도 진행자는 깜짝 놀랐다.

다행스럽게 두 번째 면접 합격 후에 신체검사 역시 합격해서 입사할 수 있었다. 입사 후 최종 면접에 들어오셨던 임원분과 식사를 한 적이 있었다. 내가 종아리로 자기소개를 한 이야기는 종종 나왔다.

내가 종아리로 인사하지 않았다면 그 분들이 날 기억했을까? 기억하는 분들도 있었겠지만, 식사시간에 에피소드로 이야기할 정도로 강렬하게 기억되지는 못했을 것이다. 아니면, 면접에서 합격은 시켰지만, 기억을 못할 수도 있을 것이다. 두 번째 최종면접을 볼 때는 신체검사에서 떨어지고 다시 최종면접까지 올라왔다는 이야기를 자기소개에 하려고 했다. 그런데, 자기소개를 하기도 전에, 나를 기억하고 먼저 질문을 해주셨다. 단지 말로만 자기소개를 했다면, 내가 이렇게 기억에 남았을까?

많은 지원자가 말을 잘하고자 치열하게 노력한다. '언어'만으로 기억에 남기는 쉽지 않다. 말을 잘하려는 노력의 십분의 일의 노력만 몸에 기울여보자. 아니 면접 보기 전날에 첫 인사에만 집중해보자. 면접 보는 동안은 물론, 6개월 후까지도 긍정적으로 기억될 수 있다.

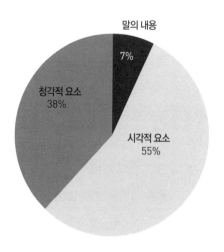

메시지를 전달할 때, 말의 내용보다 시각적인 요소와 청각적인 요소가 더 중요하다 앨버트 매러비언의 주장을 책으로만 읽으면 실감이 안 난다. '정말 그래?' 하고 의심하기 시작해 '실제로 우리가 기억할 때는 말의 내용이 더 기억에 남는데?'라며 불신했다. 그렇지만 막상 겪어보니 비언어의 힘은 정말 막강했다. 10분 남짓의 만남을 6개월 후까지 기억하게 할 정도로 말이다.

노벨상 수상자도 넘어가는 초두효과

그날의 면접을 성공적으로 이끌었던 것은 초두효과의 힘이었다. 초두효과는 처음 입력된 정보가 나중에 입력된 정보보다 더 강력한 영향을 발휘하는 것을 말한다. 즉, 처음 만났을 때 형성된 정보나 감정이 그 다음 행동을 받아들이는 기준선이 되는 것이다. 첫 인사에서 종아리를 보여준 행동이 나에 대한 호감을 최대로 올려놓았다. 이미 충분한 호감과 공감대가 형성되었기 때문에, 그 다음에 이루어진 질문과 답변은 훨씬 더 수월하게 진행될 수 있었다. 혹시 그날 면접을 본 임원들이 면접 경험이 많지 않아서 현혹된 것이라고 생각할 수도 있다. 노련한 면접관 혹은 냉정한 사람은 그런 인사에 현혹되지 않을 거라 생각하는 사람도 있을 것이다. 그렇지만 사람이라면 누구라도 초두효과에서 벗어나기란 쉽지 않다. 심지어는 세계 최고의 전문가라고 할 수 있는 노벨상 수상자도 마찬가지다.

현재 프린스턴 대학교의 심리학과 교수인 대니얼 카너먼은 2002년 노벨 경제학상을 받았다. 심리학과 교수였던 그는 매 학기 두 개의 서술형 문제를 출제했다. 대부분 1번 문제에서 고득점을 받은 학생들이 2번 문제에서도 고득점을 받는 경우가 많았다. 공부를 잘하는 학생들이 두 문제의 답을 모두 잘 썼을 것이라고 생각했지만, 문득 의심이 들었다. 혹시, 자신이 1번 문제를 채점한 결과를 바탕으로 2번 문제까지 채점하지 않았을까? 1번 문제를 채점하면서 생긴 초두효과가 2번 문제 채점에 영향을 미치지 않았을까 의심했다. 그는 모든 채점을 마무리 한 상황에서 1번 문제만 전부 다시 채점했다. 그리고 비교했다. 1,2번 문제를 연속으로 채점했을 때와 점수 차이가 거의 없었다. 이번에는 2번 문제만 모아서 채점했다. 예상대로, 2번 문제의 점수에서 큰 차이가 있는 경우가 나타났다. 면접관도 직무 전문가이며, 면접 전문가들이겠지만, 노벨상을 받은 학자도 세계 최고의 전문가다. 심지어 이 전문가께서는 초두효과에 대해 너무나도 잘 알고 계신다. 그렇지만 초두효과의 영향을 벗어나기는 힘들었다. 알면서도 당한다는 표현이 어울리는 것이 초두효과다.

그렇다면, 누군가를 평가할 때 말과 보이는 것 중에서 더 큰 영향을 미치는 것은 무엇일까? 말콤 글래드웰의 책 『블링크』의 초반부에 매우 재미있는 실험사례가 등장한다. 심리학자 널리니 앰버디가 학생들에게 교수 한 명당 10초 분량의 영상을 보여주고, 교수들을 평가하게 했다. 특이하게 영상의 음이 제거된 상태였다. 즉, 교수들이 무슨 이야기를 하는지 듣지 않고, 오로지 보이는 것만을 기준으로 평가했는데, 평가에 큰 지장이 없었다. 낼리니 앰버니는 5초로 재편집해서 학생들에게 보여주었다. 그리고 다시 2초로 편집한 후 보여주었다. 학생들 중 평가하는 데 어려움을 겪은 이는 없었다. 재미있는 것은 이들의 평가와 한 학기동안 수업을 들었던 학생들의 평가가 다르지 않다는 것이다. 즉, 소리 없이 2초 동안 평가한 의견이 한 학기 동안 수업을 들은 사람들의 평가와 다르지 않았다. 말콤 글래드웰이 이야기하는 '블링크'는 초두효과보다 더 강력한 개념이다. 즉, 2초 안에, 특히 처음 2초 동안 일어나는 순간적인 판단을 이야기한다. 블링크는 무의식의 영역이며 직관의 영역이다.

모든 면접자가 낼리니 앰버디의 실험처럼 블링크의 순간을 경험할 수는 없다. 모든 것이 2초 만에 결정된다고 보면, 면접도 2초만 보면 되지 굳이 그렇게 긴 시간 이야기할 필요는 없을 것이다. 강력한 블링크의 순간이 찾아오는 사람이 있을 것이고, 긍정적인 초두효과가 형성되는 사람도 있다. 사람마다 그 영향은 다를 수밖에 없지만, 첫 인사가 나를 판단하는 기준선이 되고, 강한 영향을 미칠 수 있다는 것은 분명하다.

면접이 하루밖에 안 남은 상황에서는 지금까지의 면접 준비에 많은 변화를 줄 수 없다. 시간이 얼마 안 남았을 때에는 익숙하고 잘하는 것에 집중해야 한다. 제일 잘하는 것을 더 잘할 수 있게 해야 한다. 새로운 지식을 암기하거나, 새로운 답변을 연습하기보다는 그동안 해온 것을 다시 반복해보자. 단, 면접관을 사로잡는 첫 인사만큼은 새롭게 만들자. 그동안 준비한 것들을 더욱 효과적으로 전달하는 디딤돌이 될 수 있다.

저스펙을
극복하는
첫 인사 만들기

우리가 면접자가 아닌 면접관이 되었다고 생각해보자. 하루 종일 면접을 보느라 지쳐 있다. 입사를 위해 많은 준비를 한 지원자들이 있다. 학점, 자격증, 인턴, 공모전 등 이력이 화려한 지원자가 있고, 모든 항목에서 허전한 지원자가 있다. 둘 중에서 누가 더 궁금할까? 아니 둘 중에서 누구에게 질문하기가 더 쉬울까? 일단은 뭘 많이 한 사람에게는 질문하기도 쉽다. 모든 항목이 비어 있는 사람에게는 질문하기 참 어렵다. 면접을 갔는데, 가족관계가 어떻게 되고 부모님도 아닌 형의 직업을 묻거나, 주소는 왜 여러 개냐고 물어볼 때는, 쓸데없는 걸 물어본다며 분노하기보다 나를 돌아봐야 한다. 오죽 궁금한 게 없고 물어보고 싶은 게 없으면 저런 걸 물어볼까 하고 말이다.

각종 스펙은 서류 심사에서는 판단의 기준이 되고, 면접에서는 질문의 기준이 되고, 평가의 출발이 된다. 가령 내가 1급 주산자격증이 있다고 상상해보자. 자기소개에서 당당하게 저는 '주산 1급 자격증이 있습니다'라고 쓴다. 그리고 주산과 회사, 회사의 역량과 어떻게 해서든지 연결할 것이다. 지원자의 개인정보나 스펙을 볼 수 없도록 한 블라인드 면접이라도, 내가 딴 자격증을 소개하는 입을 막지는 못한다. 흔한 금융자격증도 아닌 주산자격증에 흥미를 느낀 면접관이 질문을 한다. 자격증이 있는 사람에게 자격증에 관련된 질문을 받는 것처럼 쉬운 게 어디 있겠는가! 나는 신나게 1분 동안 설명한다. 면접관이 추가 질문을 한다. 주산 자격증으로 3분가량 이야기한다. 실수할 시간이 그만큼 줄어들었다. 면접에서 스펙은 이야깃거리가 될 수 있다.

스펙이 부족한 우리들은, 첫 인사에서 면접관의 호기심을 끌고 질문거리를 던져야 한다. 단순히 긍정적인 첫 이미지를 형성하는 것을 넘어서, 궁금한 사람이 돼야 한다. 나에게 집중시키고 궁금증을 유발하려면 단순히 말로만 인사하기보다, 몸을 써서 첫 인사를 해보자. 다시 한 번 강조한다. 몸이 말보다 힘이 세다. 다만, 무턱대고 몸을 사용해서 첫인사를 하려고 생각하기보다 다음과 같은 기준을 가지고 첫인사를 구상해보자.

❶ 신체적 특징을 생각해본다

몸을 써서 보여주는 첫 인사를 구상할 때, 가장 쉽고 효과적인 것은 나의 신체적 특징을 생각해보는 것이다. 종종 남들에게 없는, 혹은 흔하게 볼 수 없는 신체적 특징이 있는 경우가 있다. 나는 중학교 시절 『슬램덩크』를 열심히 보았다. 주인공 강백호와 서태웅이 덩크하는 모습이 무척 멋있어 보였다. 중 2 때 키가 175였다. 188인 강백호와는 많은 차이가 났는데, 실제 점프력은 키 차이보다 훨씬 컸다. 왠지 강백호에게 라이벌 의식을 느끼며 강백호처럼 슬램덩크를 하겠다고 결심했다. 그 결과 선택한 것이 스쿼트다. 50개로 시작한 스쿼트는 어느덧 100개가 되고, 200개를 넘어섰다. 200개를 가뿐히 할 수 있게 되자 제자리 뛰기를 추가하고, 오리걸음으로 아파트를 오르내리기 시작했다. 그렇게 2년의 시간이 지난 후에 드디어 덩크슛을 할 수 있게 되었다. 덤으로 스키니진을 입을 수 없는 어마어마한 종아리가 생겼다는 것은 한참 후에 알았다. (자신의 종아리를 신경 써서 보는 남자는 많지 않다.) 노력으로 얻은 신체적인 성취를 직접 보여주면 매우 효과가 좋다.

직접 보여줄 수 있는 신체적 특징이 없다면 팔굽혀펴기를 한 내 친구처럼 퍼포먼스를 할 수도 있다. 여학생 혹은 체구가 작은 학생의 경우에는 더 눈에 뜨일 수 있다.

❷ 직무나 회사에서 요구하는 역량과 연결한다

무턱대고 보여주는 것은 의미가 없다. 회사 혹은 직무에서 필요한 역량과 연결시켜야 의미가 있다. 내가 지원한 직무는 영업 관리직이었다. 영업에서 가장 중요한 것은 결국은 영업목표 달성이다. 주어진 조건에 상관없이 목표를 이루기 위해 치열하게 노력하는 근성이 필요한 곳이다. 근성을 가지고 2년 동안 만든 종아리를 드러내기에는 정말 좋은 직무였다.

지원한 직무의 필수 역량이 무엇인지 충분히 고민하지 못했다면, 그냥 '근성'이라고 하는 것도 괜찮다. 목표 달성을 위해 집요하게 노력하는 근성 있는 신입사원을 싫어할 회사는 대한민국에 많지 않다. 특히 꾸준한 운동을 통해 몸을 만든 이들은 '근성'이라는 키워드를 이용해 첫 인사를 어렵지 않게 만들 수 있다.

❸ 첫 인사를 반복적으로 집요하게 연습한다

프레젠테이션에도 관성의 법칙이 있다. 프레젠테이션 시작 후 초반 10분을 성공적으로 이끈다면, 나머지 시간 동안 청중의 집중력을 유지시키기가 훨씬 수월하다. 초반에 집중시키지 못하면 나머지 시간 동안 만회하는 것은 정말 어렵다. 면접도 마찬가지다. 초두효과를 노리고, 준비한 비언어 커뮤니케이션이 면접관들에게만 영향을 미치는 것은 아니다. 나에게도 큰 영향을 미친다. 비언어 커뮤니케이션으로 면접 오프닝을 성공적으로 장식하면, 나머지 면접 시간 동안에도 자신감을 가질 수 있다. 이를 위해서는 간단한 동작이라도 연습이 필요하다. 말이 아닌 몸으로 보여주는 것은 자연스러워야 한다. 보여주는 내가 어색해하면, 보는 이들은 더 어색하다. 어색한 동작을 보고 있노라면 면접을 위해 급하게 준비했구나 하는 생각이 들 뿐이다. '애 썼다'는 생각이 들 수는 있겠지만, 우리가 의도한 초두효과는 발생하지 않을 것이다.

바지를 걷어 올려서 종아리를 보여주는 것 역시 많이 연습했다. 어느 쪽 다리를 보여줘야 좀 더 효과가 좋을지, 그리고 어느 쪽 다리를 걷어 올려야 가장 자연스럽고 역동적으로 보일지 수도 없이 반복해봤다. 결론은 왼쪽 다리였다. 왼쪽 다리를 왼손이 중심이 돼서 올리면 인사하듯이 머리가 면접관 쪽으로 향한다. 동작이 작고, 어딘가 없어 보였다. 반면 왼쪽 종아리를 면접관에게 향한 채 오른손을 왼쪽 방향으로 내려서 바지를 걷어 올리면, 동선이 길다. 그만큼 역동적인 느낌이 났다. 정말 간단한 동작이지만 많은 고민을 했고, 자연스럽고 활기찬 느낌이 들도록 집요하게 반복했다. 굳이 연습하지 않아도 바지 걷어 올리는 것쯤은 잘할 수 있었겠지만, 반복된 연습은 자신감을 가져다준다. 나만의 비언어 표현을 찾았다면, 몸으로 익혀야 한다.

비언어 표현을 담은 첫 인사를 할 때 조심해야 할 사항

1 성적인 코드를 담고 있는 비언어 표현

절대 피해야 한다. 춤이건, 신체의 일부건 성적인 코드가 담긴 비언어 표현은 호불호가 극명하게 갈린다. 그리고 대부분은 '불호'다.

2 웃지 않는다

미소를 짓는 것이 아니라, 웃음을 참지 못하는 듯한 표정을 말한다. 실실 웃음을 흘리는 같은 표정은 절대 지어서는 안 된다. 가벼워 보이고, 장난스러워 보일 수 있다. 표정은 진지해야 한다. 비언어 커뮤니케이션을 활용한 첫 인사의 목적은 긍정적인 초두효과를 남기는 것이지 웃기는 게 아니다.

3 자신 있게 한다

야심차게 시도한 비언어 커뮤니케이션. 그런데 하자마자 빵 터질 거라 기대했는데 아무도 반응을 보이지 않는다. 굉장히 당황스러울 수밖에 없지만, 티를 내면 안 된다. 의도한 반응은 없더라도 계획된 인사말은 끝까지 해야 한다. 오히려 상황에 흔들리지 않고 자신 있게 밀어붙이는 모습을 보여 줄 수 있는 기회라고 생각하자. 중간에 흐지부지 하고 자신감 없는 모습을 보인다면, 부정적인 초두효과가 생길 수밖에 없다.

4 청승맞은 노래를 부르지 않는다

근성을 보일 만한 신체적 특징, 혹은 능력이 없는 사람들이 고민 끝에 노래를 하는 경우가 있다. 분명 비언어 커뮤니케이션은 아니지만 기억에 남을 수는 있다. 그렇지만 웬만하면 노래는 피하는 게 좋다. 내가 쉽게 떠올릴 수 있는 것은 다른 사람도 이미 떠올렸던 것이다. 우리 말고도 노래 부른 사람은 이미 많았고, 지금도 어딘가에서 '거위의 꿈'과 '달리기'를 부르는 지원자가 있을 텐데, 우리는 그러지 말자. 우리가 나가는 것은 회사에서 일할 사람을 뽑는 면접이지, 슈퍼스타를 뽑는 오디션 프로그램이 아니다.

2장.

면접날 :

합격할 때까지
합격자처럼 행동하라

몸이
마음을
지배한다

면접날 아침에 눈을 떴을 때, 몸이 가벼웠다. 편안히 잠자리에 들었고, 평화롭게 아침에 일어났다. 내가 할 수 있는 모든 것을 다했기 때문에, 면접장에서 내가 어떻게 하든지 후회하지 않을 것 같았다. 마음은 놀랍도록 평화로웠고, 발걸음은 이상할 정도로 자신감이 넘쳤다. 면접날 이래도 되나 싶을 정도였다. 그런데 면접장이 가까워질수록 조금씩 마음의 평화가 흔들리기 시작했다. 오늘의 면접이 내 인생 마지막 면접일지도 모른다는 생각에 긴장, 아니 공포감이 스멀스멀 올라왔다. 긴장하다 보니 지하철역에서 200미터만 직진하면 되는 면접장을 찾지 못하고 한참을 헤맸다. 겨우 도착해서 빌딩 로비에 들어서니 너무 깔끔해서 왠지 주눅이

들었다. 게다가 보안요원께서 정중하게 인사까지 해주시자, 더 놀랐다. 더러운 자취방과 어딘가 모르게 어수선한 학교 건물과는 전혀 다른 면접장 분위기에 압도당했다. 평상심을 유지하려고 노력했으나, 난 이미 긴장했다.

면접자 대기실에 도착했다. 불안하고 긴장된 눈빛으로 주변을 살폈다. 다른 지원자들 역시 두리번거리거나, 혼자 답을 외고 있고 있었다. 불안해 보이는 상태에서 불안해 보이는 지원자들을 보니 더 긴장되는 느낌이었다. 다른 지원자처럼 가만히 앉아 있으면 안 될 것 같았다. 면접자 대기실을 빠져나와 화장실을 갔다. 심호흡을 크게 한 후 다시 면접자 대기실로 돌아가지 않고 건물 구석구석을 돌아다녔다. 긴장할 때마다 습관적으로 하는 행동이다. 학창시절 시험을 보거나 훈련소에 들어가거나 면접을 볼 때도 마찬가지고, 요즘 강의할 때도 하는 행동이다. 처음 간 장소일수록 구석구석 돌아다닌다. 마치 이 공간의 평면도를 머릿속에 그리듯 말이다. 얼핏 보면 굉장히 부잡스러워 보일 수 있다. 그렇지만 익숙하지 않은 곳에서 마음을 안정시킬 때는 좋은 방법이다. 눈에 익숙해진 공간은 심리적으로 친숙해진다. 강아지가 처음 간 장소에 영역표시를 하는 기분으로 부지런히 돌아다녔다. 소심하게 구경하는 것이 아니라, 일부러 거침없이 걸어 다녔다. 불안한 마음을 떨치기라도 할 것처럼 평소보다 보폭도 크게 걸었다.

그렇게 건물 안을 돌아다니다 보니, 잠시 후에는 벽지 색깔이 눈에 들어오고, 벽에 걸린 그림이 눈에 들어오며, 가구 배치도 눈에 들어왔다. 마음에 여유가 생기면 시야가 넓어진다. 몸의 시야가 넓어지면 마음의 시야도 넓어지게 된다. 익숙하지 않던 공간이 친숙해지고 나서야 대기실 안으로 들어왔다. 불안한 눈빛의 면접자들이 모여 앉아 있었다. 아까처럼 대기자들은 문자를 하거나, 전화를 하거나, 자기소개를 입으로 외우고 있었다. 다양한 일들을 하고 있지만 불안한 표정과 조심스러운 몸동작은 모두가 비슷했다.

가만히 그들을 보고 있자니 자리에 앉는 게 꺼려졌다. 그 무리 속에 앉아 있으면, 다시 불안한 마음이 올라올 것 같았다. 겨우 찾아가기 시작한 평정심을 망치고 싶지 않았다. 의자에 앉지 않고, 대기실 뒤편으로 향했다. 어깨를 펴고, 다리를 살짝 벌린 채 서 있었다. 솔직히 약간은 껄렁해보이는 모습을 연출하고 싶었다. 잔뜩 쫄았다가 이제 막 평정심을 찾았지만, 다른 사람들에게 '난 너희들과 달리 쫄지 않았어'라는 느낌을 주고 싶었다. 대기실 안의 공간을 점령한다는 느낌으로 느리게 걸었다. 면접 대기자들을 위해 가져다 놓은 음료와 샌드위치가 눈에 띄었다. 배나 채워야겠다는 생각으로 샌드위치를 집어 들었다. 다른 면접자들은 자리에 앉아서 조심스럽게 먹고 있었다. 그들을 내 눈 아래로 깔아보는 듯한 마음으로 다리를 벌린 채 삐딱하게 서서 먹었다. 허세가 가득한 표정을 지으며 샌드위치를 우걱우걱 씹어 먹었다. 이때의 행동을 아직까지 기억하는 이유는…… 습관이기 때문이다. 어색하고 위축될 수 있는 상황에서 일부러 과장되고 큰 동작을 취하는 게 내 습관이다. 그날도 내 습관은 효과를 발휘했다. 마음을 안정시키고자 차분히 앉아 있거나, 내면의 목소리에 집중한다든가 하는 짓을 하지 않았다.

행동이 마음을 만들어준 경험은 나의 착각일까? 아니면, 평정심을 찾고 싶은 나의 간절함이 만든 우연일까? 어색한 상황에서 하던 익숙한 몸동작이 근육을 이완시키기라도 한 걸까? 나의 궁금증은 하버드 대학교 경영대학원의 사회심리학 교수인 에이미 커디를 만나면서 시원하게 풀렸다. (물론 직접 만난 게 아니라 책으로 만났다.) 그녀는 자신 있게 말한다.

'몸이 마음을 지배한다.'

위축된 자세가 무력한 감정을 만들고, 확장되고 개방된 자세가 자신감을 만든다. 확장된 자세는 몸이 좀 더 많은 공간을 차지한다는 뜻이고, 개방적인 자세는 팔과 다리가 몸통으로부터 멀리까지 뻗어 있다는 뜻이다. 에이미 커디는 확장된 자세가 스스로를 강력해졌다고 느끼게 한다는 가설을 검증하기 위해 실험했다.

실험 참가자에게는 실험의 목적을 설명하지 않았다. 그들은 작은 방에서 컴퓨터 모니터에 보이는 자세를 따라하도록 지시받았다. 확장되고 개방적인 강력한 자세 5가지와 위축되고 폐쇄적인 무력한 자세 5가지가 섞여 있었다. 한 자세를 따라하는 시간은 60초였다. 그 후

피실험자는 실험의 대가로 돈을 받아갔다. 이때 옵션이 걸렸다. 실험 참가비 외에 2달러의 추가 보너스를 지급받게 되는 데, 주사위를 던져서 특정 숫자가 나오면 4달러를 가져가거나, 2달러를 날릴 수 있었다. 주사위 놀이를 선택하지 않은 사람은 2달러를 그냥 가져갈 수 있다. 강력한 자세를 취한 집단의 33퍼센트는 주사위 놀이를 선택했다. 반면 무력한 자세를 취한 집단은 8퍼센트만 주사위 놀이를 선택했다. 적극성에서 무려 네 배의 차이를 보인 셈이다. 주관적으로 느끼는 '강력함'의 정도 역시 개방적인 자세를 취한 집단이 더 높았다. 에이미 커디는 실험 신뢰도를 높이기 위해 두 번째 실험을 진행했다. 자세를 사진으로 보여준 것이 아니라 설명을 통해 60초 동안 지속하게 했다. 취해야 하는 자세도 5개에서 2개로 줄였다. 피실험자들에게 자신의 감정과 모험 의지를 스스로 평가하게 했다. 그리고 테스토스테론과 코르티솔 호르몬의 수치 변화를 체크했다.

테스토스테론 호르몬은 '지배의 호르몬' 혹은 '결단력 호르몬'이라고 불린다. 스탠퍼드 대학의 로버트 사폴스키는 테스토스테론 분비 수준이 높을수록 경쟁적 상황에서 자신의 지위를 높이고 우두머리가 되려는 성향이 강해진다는 사실을 확인했다. 테스토스테론은 용기를 내거나 위기 상황에서 성과를 내는 데 도움이 되는 행동을 하면 분비되기도 하고, 테스토스테론 호르몬이 이런 행동을 유도하기도 한다. 코르티솔 호르몬은 '스트레스 호르몬'이다. 코르티솔이 많이 분비될수록 위협에 민감하게 반응하며 도전적인 상황을 회피하는 경향을 보인다. 에이미 커디는 두 번째 실험을 통해, 강력한 자세를 취한 사람들은 테스토스테론의 수치가 올라가고 코르티솔 수치가 내려가는 것을 확인했다.

몸이 마음을 변화시키는 것은 착각이 아닌 과학이다. 어렵게 마음을 다잡으려고 노력하지 말자. 마음을 바꾸지 말고, 몸을 먼저 바꾸면 된다.

면접 직전 : 건방진 자세로 준비하라

에이미 커디는 자신의 잠재력을 발휘할 수 있는 최고의 상태를 '프레젠스(Presence)'라고 이야기했다. 프레젠스에 도달하는 가장 효과적인 방법은 마음이 아닌 몸에 달려 있다. 의도한 바는 전혀 아니지만, 내가 면접날 한 모든 행동이 나를 프레젠스 상태로 활성화시킨 셈이다. 면접날 프레젠스가 되는 길은 복잡하지 않다. 사람에 따라 차이가 있겠지만, 얄팍한 노력으로 좀 더 안정적이고 자신감 있는 상태를 만들 수 있다.

첫 번째, 면접장을 미리 가본다.

면접 전 프레젠스에 도달하는 시작점은 면접장소를 사전 탐방하는 것이다. 나는 지하철 출구에서 200미터만 걸으면 되는 거리임에도 불구하고, 한참을 걸려 도착했다. 이러면 면접장에 도착하기 전부터 이미 긴장을 하게 된다. 공지가 나면 무조건 면접장소를 한 번은 가봐야 한다. 특히, 처음 가본 곳일 경우에는 무조건 사전 답방을 해야 한다. 혹시라도 길을 못 찾아서 지각하는 일은 없어야 한다. 취업 면접에 지각하는 게 말도 안 된다고 생각하지 말자. 12년 동안의 학업을 평가받는 수능시험날도 누군가는 지각을 한다. 교복 입은 학생은 경찰차라도 태워주지만, 양복 입은 대학생은 안 태워준다. 면접보기 전부터 도착시간 때문에 긴장하는 일은 없어야 한다. 면접장은 미리 가봐야 한다. 이왕 간 거 면접장 앞까지만 갔다 오지는 말자. 건물 안에도 들어가 보고, 가능하다면 면접을 진행하는 층이나 회의실에도 들어가 보자. 내가 불안한 마음에 면접장소가 있는 빌딩을 구석구석 살핀 것처럼 최대한 면접을 보는 공간을 익숙하게 만들자. 안정감은 익숙함에서 오고, 불안감은 낯섦에서 온다.

두 번째, 몸의 온도를 높인다.

미국의 동기부여 강사인 토니 로빈스는 항상 기운과 활력이 넘치는 사람이다. 4일 동안 4천 명을 대상으로 50시간 동안 강의할 정도로 에너지가 넘친다. 그는 오프라 윈프리 쇼에 나와서 무대에 오르기 전 자신의 준비 과정을 공개했다. 준비를 하는 과정에서 핵심은 말과 몸이었다. 자기 확신을 주는 말을 끊임없이 하고, 몸을 많이 움직였다. 토리 로빈스 역시 에이미 커디처럼 활발한 신체 움직임이 마음 상태를 바꾼다고 믿었다. 점프를 하거나 뱅글뱅글 돌며 주먹을 흔들고 팔을 뻗는다. 심지어는 트램펄린을 뛰기도 한다. 우리가 면접장에 들어가기 전, 혹은 들어가서 트램펄린을 뛰거나 과장되게 점프를 할 수는 없지만, 예열할 수 있는 방법은 충분히 있다. 집에서 출발하여 면접장을 갈 때, 버스나 지하철에서 한 정거장 정도 일찍 내리는 것이다. 면접장 사전 답사를 갔다면 어렵지 않게 할 수 있다. (사전 답사를 하지 않은 상황이라면 괜히 길을 헤맬 수 있으니 추천하지 않는다.) 조금 일찍 내려서 평소보다 더 넓은 보폭으로 빠르게 걷는다면 입뿐 아니라 몸도 풀 수 있다. 조금은 예열된 상태로 면접에 임하는 것이 자신감 향상에 도움이 된다.

세 번째, 허리와 가슴을 펴고 걷는다.

입사 후 법인영업부서에서 근무했다. 법인영업부원으로서 사람을 만나는 일은 회사를 대표하는 일이다. 나를 통해 회사를 느끼기 때문에 옷차림과 행동에 항상 신경 써야 했다. 입사하자마자 헤어스타일부터 시작해서, 셔츠의 재질, 셔츠 깃의 넓이, 넥타이의 색깔과 폭, 구두, 코트의 질, 수트의 종류, 인사할 때 시선 위치, 손모양 등 셀 수도 없이 많은 것들을 지적당했다. 그중 가장 기억에 남는 것 중하나가는 '걷는 자세'에 대한 지적이었다. 삼성동에 있는 N게임회사와의 미팅에 부장님과 동행했다. 내가 앞장서고, 부장님께서 뒤를 따라 오셨는데 사무실로 들어가는 찰나, 나직하게 말씀하셨다.

"어깨 펴고 발 끌지 마라."

고객이 보지 않는 곳에서 어깨와 걸음걸이까지 지적하는 디테일에 깜짝 놀랐다. 그 후로 고객사를 방문할 때면 항상 어깨뿐만 아니라 걸음걸이에도 많은 신경을 썼다. 그런데 재미있는 점은 걷는 자세를 바꾸니, 고객사를 만날 때 나의 마음가짐이 달라진다는 사실이다.

나는 몇 개월 전까지만 해도 옥탑방에서 오락이나 하던 백수였다. 아무리 교육을 받더라도 갑자기 회사를 대표해서 다른 회사 사람을 만나는 일이 편하지는 않다. 게다가 아침 회의시간에 선배들에게 혼이 난 채로 외근을 나가거나, 신규 거래처를 확보하려고 새로운 회사를 방문했으나 사정없이 거절당할 때는 정말 마음이 무겁다. 자연스럽게 몸도 무거워지며, 뒷굽을 끄는 버릇이 생겼다. 그런데 부장님의 지적 후 어깨를 펴고 뒷굽을 끌지 않고 당당하게 걷기 시작하자, 회사를 대표한다는 부담감보다 자신감이 생겼다. 부장님께서 자세가 마음에 미치는 영향까지 고려하셨는지는 아무도 모른다. 다만, 부장님의 지적은 영업하는 동안의 마음가짐에 긍정적인 영향을 미쳤다. 이 영향은 2015년에 심리학적으로도 입증이 되었다.

독일 비텐헤르데케 대학의 심리학 교수 요하네스 미할락은 2015년에 우울증 환자의 걸음걸이가 환자의 감정과 기억력에 영향을 미친다는 연구 내용을 발표했다. 우울증 환자는 걸을 때 팔을 흔드는 폭이나 머리 움직임이 적고, 일반 사람보다 좀 더 구부정한 자세를 취한다. 요하네스 미할락 교수는 우울한 감정의 결과이기도 하지만, 이런 자세가 우울한 기분에도 영향을 미친다고 생각했다. 실험 결과 감정뿐 아니라 기억력에도 영향을 미쳤다. 바르고 행복하게 걷는 그룹은 같은 이야기를 들어도 긍정적인 단어를 더 기억하고, 구부정한 자세로 우울하게 걷는 이들은 부정적인 단어를 더 많이 기억한다. 이런 기억은 자기 자신에 대한 인식에까지 영향을 미친다.

집에서 출발할 때부터, 면접장까지, 그리고 면접장소 내에서 면접을 보러 들어가는 그 순간까지 어깨를 펴고 당당하게 걷자. 면접대기실에서 실제 면접을 보러가는 동안에도 고개를 숙이거나, 절대 어깨를 움츠려서는 안 된다. 2002년 월드컵 4강을 이뤄낸 거스 히딩크 감독은 "축구는 실수의 게임이다. 실수를 적게 하는 팀이 승리한다"고 말했다. 면접 역시 마찬가지다. 일단 서류를 통과한 상황이라면 모두가 기본 경쟁력은 갖췄다. 이제부터는 역량을 얼마나 실수 없이 발휘하느냐에 따라 당락이 결정된다. 실수 하지 않고 역량을 발휘하려면 그날 하루만큼은 단어 한마디, 한 번의 발걸음까지 내가 준비한 모든 것을 아낌없이 쏟아부을 수 있는 '프레젠스'의 상태로 만들어야 한다. 일 년 내내 하자는 것도 아니라 딱 하루다.

네 번째, 스마트폰을 보지 마라.

지하철을 타보자. 지하철을 타면 잠을 자지 않고, 깨어 있는 사람의 80퍼센트 이상은 스마트폰을 바라보고 있다. 틈날 때마다 웹과 스마트폰을 보는 습관은 우리 뇌에 영향을 준다. 뇌는 신경가소성이라는 성질이 있다. 사람이 연습을 통해 특정 능력을 향상시키려고 할 때, 뇌는 그 능력에 더 많은 뇌 피질을 할당하는 것이다. 쉽게 이야기하면 자주 사용할수록 기능이 발전하고, 자주 사용하지 않는 기능은

퇴화한다는 개념이다. 사용하지 않은 우물이 말라버리는 것을 떠올리면 쉽다. 스마트폰과 웹은 우리가 깊이 생각하는 버릇을 빼앗아간다. 웹과 스마트폰을 통해 접하는 정보는 쉽게 잊힌다. 면접날 사용할 정보를 얻기 위해 스마트폰을 보다가는 생각하는 습관만 방해될 뿐더러 머리에 남는 정보는 적을 수 있다.

스마트폰은 성향에도 영향을 미친다. 스마트폰을 보려면 몸을 수축해야 한다. 잠시 동안의 수축도 사람에게 영향을 미친다. 미국의 사회심리학자인 에이미 커디와 마르턴 보스는 스마트폰과 태블릿, 노트북, 데스크톱을 5분 동안 이용한 사람들이 얼마나 소심해지는지 실험했다. 5분이 지난 후에는 실험 진행자가 와서 자신이 다시 5분 후에 와서 마지막 공지사항과 보수를 지급할 예정이라고 안내한다. 단, 5분 후에도 자신이 오지 않을 경우에는 프런트로 직접 찾아오라고 말했다. 데스크톱을 이용한 사람들은 10분이 지나자 94퍼센트가 자신의 돈을 받고 지시사항을 들으려고 직접 프론트로 찾아왔다. 노트북 사용자는 88퍼센트, 태블릿 사용자는 71퍼센트, 스마트폰 사용자는 50퍼센트가 찾아왔다. 에이미 커디와 마르턴 보스는 전자장비의 크기가 작을수록 몸을 더 많이 수축하게 되고, 신체를 구부리고 수축한 시간이 길수록 더 많은 무력감을 느끼며 과단성이 떨어진다고 결론 내렸다.

최소한 면접날, 면접장에서는 스마트폰 사용을 자제하자. 면접을 보는 날, 면접장에서 면접을 잘 보는 것보다 더 중요한 이슈는 없다.

마지막으로 그동안 준비한 것을 정리한다는 핑계로 스마트폰으로 연예인 뉴스나 보는 짓 따위는 하지 말자. 정말 봐야 할 자료라면 출력해서 가고, 꼭 스마트폰으로 봐야 한다면, 고개를 숙여 스마트폰을 보지 말고, 고개를 든 채로 스마트폰을 얼굴 높이로 들어서 보자. 창피한 게 불합격보다는 낫다.

면접 : 우린 이미 합격했다

현재 나는 CS강사다. CS는 Customer Satisfaction 혹은 Customer Service의 약자다. 내가 CS 강사로 일하는 이유는 CS라는 말을 없애버리기 위해서다. Customer Satisfaction 고객만족은 서비스 접점에서 없어져야 할 말이다. 서비스는 브랜드나 회사의 가치 전달의 수단으로 존재해야 하며, 고객만족은 서비스의 결과값일 뿐이다. 결과가 되어야 할 고객만족이 서비스의 목적이 되어버리면서 많은 문제가 생겼다. 일부 기업은 고객을 만족시켜야 한다는 명분 아래 (욕심 많은 사람을 만족시킨다는 게 상식적으로 가능한 일일까?) 접점 직원의 희생을 강요한다. 일부 고객은 직원에게 지나친 갑질을 하기도 한다. 이유는 고객만족이라는 말이 형성하는 프레임 때문이다. 고객만족이라고 하면, 자연스럽게 고객은 왕이라는 프레임이 따라 온다. 왕 대접을 받은 사람이 상대도 같은 왕으로 대하면 좋겠지만, 상대를 노예로 대하는 사람도 있다. 지나치게 고객만족을 강조하면 다양한 서비스를 누려야 할 고객의 기회를 빼앗는 결과를 낳는다. 브랜드마다 추구하는 가치가 다른데, 고객접점에 오면 모든 브랜드가 고객만족을 외친다. 같은 기준으로 경쟁하다 보니 서비스의 차별점이 점점 없어진다. 이렇듯 고객만족의 지나친 강조는 접점의 직원, 회사, 그리고 고객에게까지 악영향을 미친다.

'현재 나는 CS강사다'로 시작한 첫 문장에서 '고객에게까지 악영향을 미친다'라는 마지막 문장까지 숨도 안 쉬고 써 내려 갔다. 고객만족이라는 말을 고객접점에서 없애버리자는 것이 내가 CS 강사로서 강의하는 이유이다 보니, 이 이야기를 글로만 써도 이렇듯 할 말이 많아지고 살짝 흥분하게 된다. 강의할 때는 어떨까? 강의할 때는 글로 쓸 때보다 훨씬 더 몰입하고 말한다. 문장에서 느껴지지 않는 감정과 열정이 나의 표정과 제스처, 음성 등을 통해 터져 나온다.

위 상황과는 반대로, 강의를 맡긴 고객사의 요청 때문에 어쩔 수 없이 고객을 만족시켜야 한다는 말을 해야 하는 상황이 있다. 이럴 때 나의 목소리와 표정은 보이스피싱을 하는 사람의 그것에 가깝다. 가치에 반하는 이야기를 하는 데 어떻게 신이 날 수 있겠는가! 내가 보이스피싱을 하는 말투와 표정으로 이야기하고 있으면 듣는 사람도 보이스피싱 전화를 받는 표정으로 앉아 있다. 강의할 때나, 프레젠테이션할 때나, 면접을 볼 때를 포함해서 누군가를 말로 설득을 해야 하는 자리에서 가장 크게 영향을 미치는 것은 말의 내용이나 논리성이 아니다. 비언어에서 품어져 나오는 감정과 열정을 공유할 때, 남들이 나에게 몰입하고 동의한다. 말하는 사람이 몰입하면, 듣는 사람도 몰입한다. 그들이 몰입을 하는 것은 내가 내뱉은 말의 내용 때문이 아니다. 첫 인사뿐 아니라 긴 이야기를 할 때도 몸이 말보다 힘이 세다.

에이미 커디에게 사사받은 락슈미 발라찬드라는 185명의 벤처 투자 유치자가 투자금을 모으기 위해 진행한 프레젠테이션 동영상을 분석하다가 깜짝 놀랐다. 가장 많은 투자금을 모으는 것과 가장 관련이 깊은 요소는 개인의 경력, 연설 내용도 아니었다. 자신감과 열정, 열망을 가장 많이 표현한 투자 유치자가 많은 투자금을 모았다. 자신감과 열정은 얼마나 자신의 이야기에 확신과 믿음을 가지고 있느냐에 따라 결정된다. 상대를 설득하려면 내가 확신하고 있어야 한다. 상대방에게 확신을 주려면 내가 맹신하고 있어야 한다. 면접장 내에서는 내가 이 회사에 꼭 필요하고 나는 합격할 것이라는 근거 없는 믿음을 가지고 행동하고 대답하자. 내가 나를 확신해야 면접관을 겨우 설득시킬 수 있다. 내가 나를 믿지 못하는데, 다른 이가 어떻게 나를 믿고 뽑겠는가?

면접장에서는 그간의 과정과 상관없이 나를 절대적으로 믿고, 확신에 차서 행동해야 한다. 그런데 스펙이 안 좋은 사람들은 항상 일

말의 불안감이 있다.

'내가 아무리 면접을 잘 보더라도 합격은 스펙 좋은 사람들이 하는 게 아닐까?'

이런 불안은 우리만의 착각일 수 있다. 입사 후 본사에서 오리엔테이션을 받거나, 근무를 하다 보면 부장님들 혹은 임원분들과 점심을 먹을 기회가 생긴다. 신입사원이다 보니, 자연스럽게 채용에 대한 이야기가 나온다. 임원분들과 부장님들은 필기시험이나 1차 면접을 신뢰하고 계셨다. 최종면접까지 올라온 지원자들이라면 기본적인 역량은 큰 차이가 없을 거라고 보셨다. 기본적으로 면접까지 올라온 사람의 기본 역량은 비슷하다고 생각했다. 스펙이 안 좋더라도, 일단 면접에 올라갔다면 스펙이 좋은 이들과 동등하게 싸울 자격이 주어졌다. 위축될 필요가 전혀 없다. 이때부터는 누가 얼마나 자신 최고의 모습을 보여주느냐가 합격에 영향을 미친다.

불안함을 극복하고 최고의 모습을 보여줌으로써, 승리하는 노하우를 가장 많이 가지고 있는 곳은 태릉선수촌이다. 한 분야에서 대한민국 최고라고 할 수 있는 태릉선수촌의 국가대표도 중요한 경기 전에는 긴장하고 불안해한다. 다만, 불안감을 극복하기 위해 막연하게 마음을 다잡는다거나 파이팅만을 외치지 않는다. 연습에서부터 불안의 원인을 근본적으로 없애려고 노력하고, 경기에서는 시합 불안을 긍정적인 에너지로 바꾼다. 『국가대표 심리학』의 저자이며 한국체육과학연구원 수석연구원으로 근무한 김병현 박사는 시합불안을 크게 3단계로 파악했다. 예를 들면, 올림픽에서 금메달을 목표로 설정(1단계)한 선수는 자신의 목표가 실현 가능한지를 판단하려고 우선 자신의 능력을 평가할 것이다(2단계). * 이때 금메달이라는 목표와 그 목표를 달성할 수 있는 능력을 비교한 후 자신의 능력이 부족하다고 판단되면 시합에 대한 위협을 느낀다. 이 결과 몸이 굳어 긴장하게 되며, 우울한 마음이 되고, 시합을 걱정하는 부정적 정서 반응이 나타난다. 목표와 자신의 능력이 불균형하다고 느끼는 순간 몸과 마음에 오는 부정적인 반응이 시합불안이다. 불안함을 단순히 내 마음 상태로만 생각하면, 불안함을 극복하는 방법을 찾기 어렵다. 그렇지만 명확하게 원인과 결과를 구분해서 정의한다면 극복할 수 있는 방법을 찾을 수 있다. 김병현 박사가 제안하는 방법은 에이미 커디의 이야기와 공통점이 있다. 통제할 수 없는 '마음'에 집중하기보다 통제할 수 있는 '몸'에 집중한다. (김병현 박사의 주장에는 '마음'에 대한 이야기도 있지만, 우리는 뜻대로 움직일 수 없는 마음보다 뜻대로 움직일 수 있는 몸에 집중하자.)

　내가 CS강의 중에 '고객만족'이라는 표현을 없애버리자고 이야기하는 것처럼, 면접장에서도 자신의 가치를 이야기하거나, 지금까지 준비해 온 '나'에 대해 확신을 가지고 말하는 것이 가장 쉽고 자연스럽다. 그런데 면접을 코앞에 두고 이 책을 읽는 사람은 아닐 가능성이 크다. 내가 추구하는 가치에 대해 고민하거나, 나에 대해 진심으

* 김병현 / 국가대표 심리학 p.98

로 확신하는 마음가짐은 일단 합격한 후에 천천히 가져보도록 하고, 일단 나에 대해 확신하는 '몸가짐'을 만들어보자. 어이없을 정도로 쉽게 따라 할 수 있는 것과 연습이 크게 필요 없는 것들로만 구성했다. 의심하지 말고 실행해보자.

첫째, 마음을 비운다.

마음이 아닌 몸가짐을 이야기한다고 했는데, 마음이 먼저 나왔다. 이번 파트에서는 처음이자 마지막으로 '마음'에 대해 이야기하는 것이니 화내지 말고 읽어주길 바란다. 국가대표 선수들은 '시합할 때 마음을 비우면 시합이 잘된다'고 한다. 즉, 기록에 대한 욕심, 승리에 대한 욕심, 상금이나 명예에 대한 욕심 등, 시합 결과에 따르는 모든 것들에 대한 욕심을 버린다. 마음을 비우면 시합불안을 조절할 수 있는 이유는 크게 두 가지다. 첫째, 욕심을 버리면 시합 결과보다 시합의 진행과정에 집중할 수 있다. 둘째, 불안에 따른 부정적 반응이 일어나지 않는다. 즉, 욕심을 버리면 시합 결과에 신경 쓰지 않기 때문에 신체가 이완된 상태에서 시합의 진행 과정에 초점을 맞춰 플레이하므로 역설적으로 좋은 결과를 얻는다. 양궁에서 신궁으로 불린 김수녕 선수는 '시합 때 절대로 점수판을 보지 않는다'고 말했다. 면접도 비슷하다. 합격을 생각하기 전에 면접만 생각한다. 내가 백수탈출을 하느냐 못 하느냐라는 생각보다는, 내가 일할 직장의 선배를 미리 만나서, 서로를 알아보는 자리라고 생각하자. 취업을 하겠다는 목적은 취업을 준비하는 과정에서 꼭 필요하지만, 면접장에서는 면접 자체를 즐기는 자세가 필요하다. 면접은 내가 평가받는 자리가 아니다. 관심이 있는 회사와 공식적으로 처음 만나는 기회며, 나와 일할 선배들을 미리 만나보는 자리이고, 내가 그동안 준비한 것들을 선보이는 '데뷔전'이다.

두 번째, 시선을 집중시킨다.

면접에 대해 다룬 많은 책과 강의에서는 상대방에게 어떻게 보이느냐를 집중해서 설명한다. 시선 처리도 상대방에게 호감을 주는 목적으로 이야기한다. 물론 면접관에게 좋은 점수를 받아야 합격하는 것은 사실이다. 면접관에게 보이는 모습에 집중하는 것도 자연스럽다. 그렇지만 상대방에 집중하다 보면 '나'를 잃어버리게 된다. 상대방에 잘 보이려고 시선을 조절하는 것이 아니라, 최고의 나를 끄집어내기 위해 시선을 조절해야 한다.

시합에서 불안을 느끼고 신체적으로 긴장했을 때에는 심박수, 빠른 호흡, 떨리는 손 등과 같이 신체 내적인 것에 초점을 맞추는 경향이 있다. 이를 내적 초점(internal focus)라고 부른다. 내적 초점에 집중하다가 다시 불안을 가중시키는 악순환에 빠질 수 있다. 불안에서 탈피하려면 내적 초점보다는 목표지점, 타깃, 공, 상대선수의 동작 등과 같은 외적 초점(external focus)에 집중하는 것이 불안을 다스리는 방법이다. 예를 들면 유도 선수가 상대의 움직임에만 초점을 맞춰 공격 기회를 잡으려고 하거나, 타자가 투수가 던지는 공에만 초점을 맞춰 타격을 하면 부정적인 생각을 할 틈이 없어지기 때문에 불안도 사라진다. 이러한 효과는 실제로 스포츠심리학 연구에서 밝혀졌다.

면접자가 집중할 수 있는 외적인 초점은 무엇일까? 당연히 면접관의 시선이다. 불안한 마음이 들 때에 면접관의 눈을 절대 피하지 말자. 오히려 면접관에게 시선을 집중하면서 내 마음과 몸에서 느껴지는 불안함을 잊어야 한다. 그런데 불안함을 잊기 위해 누군가의 눈을 무섭도록 집중하면 어떨까? 나는 편안해질지 몰라도, 상대가 불안해하거나 불편해질 수 있다. 이왕 시선을 집중하는 것도 목적에 맞게 효과적으로 해보자.

❶ 친밀감을 형성하는 시선처리다. 두 눈과 가슴을 꼭짓점으로 삼각형을 그리며 시선 처리한다. 이런 식의 시선처리는 상대방에게 친밀감을 전달할 수 있다. 호감을 가지고 있는 이성을 바라본다고 생각해보자. 아무리 얼굴이 잘생기고 예쁜 사람이라 할지라도 얼굴만을

바라보지는 않는다. 그 사람의 눈과 전체적인 실루엣, 입고 있는 옷, 액세서리 등으로 시선이 크게 움직이다. 처음 만난 상대가 나를 바라보는데 시선이 크게 움직이는 것을 보면 상대방이 호의적으로 보이고 친밀한 느낌이 든다. 처음 인사할 때, 혹은 면접 초반에 큰 삼각형을 그리며 시선을 집중하도록 하자.

❷ 두 눈과 입을 꼭짓점으로 하는 삼각형을 차례대로 바라본다. 편안하면서도 자신감 넘치는 느낌을 줄 수 있다. 주의할 점은 삼각형으로 시선을 옮길 때 고개를 함께 움직이지 않도록 하자.

평소에 눈 맞춤을 하지 않던 사람이 갑자기 삼각형을 그리면서 시선처리를 하려다가 자신도 모르게 하는 실수다. 눈 맞춤에 익숙하지 않은 경우에는 일단 처음에는 눈에만 집중한다는 생각을 하자. 최대한 상대방의 눈에 집중하는 것에 익숙해진 후에 시선을 삼각형으로 이동하자. (설마 시선처리를 할 때 고개를 함께 움직이지 말라는 이야기를 듣고, 여러 명의 면접관이 질문을 하는 데 고개는 가만히 있고 눈동자만 굴리는 사람은 없을 거라 생각한다.)

❸ 설득을 하고 의견을 전달하기 좋은 위쪽 삼각형을 응시하는 방법이다. 상대방의 눈과 이마를 꼭짓점으로 하는 삼각형을 순서대로 바라본다. 이런 시선은 상대방에게 내 의견을 받아들이도록 하는 데 효과적이다. 이렇게 시선을 위로 향하면, 상대방은 자신이 내려다보이는 위치에 있는 것처럼 느낀다. 위에서 아래로 내려다보는 것은 권력이 우위에 있거나, 자신감이 넘칠 때만 할 수 있는 행동이다. 미묘하게 권위적인 느낌을 주고 내 의견에 따르도록 압박감을 줄 수 있는 시선처리다. 이때 시선은 위로 향했지만, 너무 자주 눈을 깜빡이거나 고개를 불안하게 흔드는 등 자신감 없는 행동을 한다면 효과가 반감될 수 있으니 주의해야 한다.

『사람의 마음을 읽는 시간 0.2초』의 저자 임문수 교수에 따르면 면접을 진행하는 동안 계속해서 위쪽 삼각형을 형성하면 상대에게 거만한 느낌을 줄 수도 있다고 한다. 따라서 아래쪽 삼각형과 위쪽 삼각형을 혼용하는 것이 효과적이다. 아래쪽 삼각형을 통해 친밀한 분위기를 형성하여 대화를 이끌어나간 후, 주장을 강하게 펼치는 타이밍에서 위쪽 삼각형을 바라본다. 상대방에게 친근하면서도 자신의 주장에는 강한 신념을 가진 사람이라는 느낌을 줄 수 있다.

세 번째, 호흡을 조절한다.

호흡 조절은 신체 긴장을 쉽고 효과적으로 줄여준다. 면접관도 여러 명이고, 면접자도 여러 명일 경우에는 기다리는 순간이 생긴다. 내 순서가 다가오고 있거나, 다음에 면접관이 누구에게 질문할지 모른다면 충분히 긴장될 수 있는 상황이다. 이때는 호흡에 집중함으로써 불안을 만드는 생각을 차단한다. 국가대표 선수들도 시합을 하다가 불안감이 느껴지면 호흡을 조절함으로써 제어한다. 다음의 내용은 호흡 조절의 방법이다.

천천히 깊은 숨을 쉬되, 5초간 들이마시고, 잠시 멈추고 5초간 내뱉어라

숨 쉬는 것에 집중하라

숨을 내쉬면서 근육의 긴장이 풀리는 것에 집중하라

숨을 내쉬는 동안 이완, 침착, 안정 등의 단어를 떠올리고 이것을 조

네 번째, 표정으로 말한다. 행복한 표정을 짓는 것은 불안에서 벗어나, 밝은 마음을 유지하는 데 도움이 된다. 게다가 밝은 표정은 나뿐 아니라 나를 보고 있는 면접관에게도 영향을 미친다. 심리학자 프리츠 슈트라크, 레너드 마틴, 자비네 스테퍼는 1988년 안면 피드백 가설을 발표했다.[*] 이들은 피실험자들 가운데 한 집단에게 아무런 설명을 하지도 않은 채 웃는 표정이 나오도록 하는 방식으로 볼펜을 입에 물게 했다. 다른 집단에게는 웃을 때 사용되는 얼굴 근육을 전혀 자극하지 않는 방식으로 볼펜을 입에 물게 했다. 두 집단의 피실험자 모두에게 볼펜을 문 채로 웃기는 내용의 동일한 만화를 읽게 했는데, 웃는 표정을 한 집단이 웃지 않은 집단보다 재미있었다고 반응한 비율이 훨씬 높았다. 얼굴 표정은 그 표정에 해당되는 감정을 만들 뿐 아니라, 얼굴 표정을 방해하는 것이 해당 감정을 차단하는 역할을 하기도 한다.

표정이 말을 듣는 사람에게 미치는 영향은 미국에서 연구되었다.[**] 1984년 미국 대통령 선거 기간 동안 시라큐즈 대학의 브라이언 뮬런 박사가 이끄는 심리학자들은 앵커들의 얼굴표정이 시청자들에게 미치는 영향을 조사했다. ABC 뉴스, NBC 뉴스, CBS 뉴스 앵

[*] 에이미 커디 / 프레즌스 p.269
[**] 말콤 글래드웰 / 티핑포인트 p.84

커들이 대통령 입후보자와 관련된 언급을 하는 장면을 약 2.5초 정도로 분할했다. 그리고 피실험자에게 앵커의 얼굴 표정을 보고 그 얼굴이 보여주는 정서적 표현에 점수를 매겨보게 하였다. 그 결과 ABC 뉴스 앵커가 로널드 레이건 대통령을 언급할 때 유난히 표정이 밝다는 결과가 나왔다. 그리고 추가적인 조사 결과 ABC를 시청한 사람들은 다른 방송사의 뉴스를 시청한 사람들 보다 훨씬 더 많이 레이건에게 투표했다.

이 결과에 대해 ABC 뉴스에서는 레이건 지지자들이 성향 때문에 ABC를 봤기 때문이라고 이야기했다. 하지만 뮬런은 ABC의 뉴스 내용이 가장 적대적이었다는 것을 고려하면 ABC의 주장은 사실이 아니라고 생각했다. 자신의 연구가 우연인지를 확인하기 위해 4년 뒤 조지 부시의 선거에서도 같은 실험을 했고, 같은 결과를 얻었다. 이렇듯 표정은 내용이 들리지 않는 상황에서도 나와 나의 주장에 대한 감정을 변화시킬 수 있다.

표정은 시각적으로 감정을 전달할 뿐 아니라 청각적으로도 감정을 전달한다. 무표정한 상태, 혹은 입 꼬리를 삐딱하게 살짝 올린 채로 '야 이 자식아~'를 외쳐 보자. 그리고 양쪽 입꼬리를 최대한 올린후 눈웃음을 지어보자. 그 상태로 '야~ 이 자식아'를 외치자. 똑같은 '야 이 자식아'지만 두 가지 소리가 전혀 다른 톤으로 발성됨을 느낄수 있다. 입꼬리를 올리면 입에서 성대까지의 거리가 짧아진다. 공기 반 소리 반이 섞이는 구간이 달라지면 공명이 달라지면서 자연스럽게 목소리가 변한다. 고객과 대화를 하다 보면 내 마음을 오해하는 고객이 있다. 혹은 내가 너무 지쳐서 밝은 목소리를 내기 힘들 때가 많다. 이런 상황에서 마인드컨트롤을 하기보다는 입꼬리 컨트롤을 통해 목소리를 조정하는 것이 효과적이다.

콜센터는 고객의 얼굴을 보지 않고 상담한다. 그럼에도 불구하고 많은 상담사의 책상에는 거울이 있다. 이 거울은 평소에는 개인 용모를 확인하는 데 쓰지만, 마음이 꺼려지는 고객과 통화할 때는 표정변화를 통해 목소리 톤을 유지하는 데 사용한다. 입꼬리를 올리면 화난 목소리가 나오기 힘들기 때문에 논쟁의 소지가 있는 고객과 통화할 때는 입꼬리를 올린 채로 통화하는 것이다. 면접 볼 때도 마찬가지다. 면접을 볼 때 긴장감 때문에 목소리가 평소와 다르게 나올 수 있고, 표정이 굳을 수도 있다. 최대한 웃는 얼굴로 이야기해야 한다. 표정이 밝아야 목소리도 밝고, 내용도 밝게 들린다.

PART 2

면접 일주일 전: 질문 받지 말고, 질문하게 하라

STORY

1장.
현장에
합격이 있다

불합격의 교훈

삼성생명 최종 면접을 보기 전, D사의 면접을 봤다. 서류통과가 힘들어서 그렇지, 일단 면접만 보면 쭉쭉 올라갈 거라는 확신이 있었고 실제로도 그렇게 면접을 봤다. 실무진 면접을 볼 때도 긴장하는 것 없이 정말 편안했다. 서류 통과도 몇 개 못 한 주제에 이런 자신감을 가질 수 있던 것은 나만 잘하는 게 아니라 우리가 잘한다는 생각 때문이었다. 여름 방학 내내 함께한 스터디 친구들 역시 나처럼 서류통과는 힘들었지만, 면접에만 올라가면 승승장구였다. 나 혼자가 아니라 모두가 결과가 좋다 보니, 우리의 방법과 함께 보낸 시간에 대한 자신감이 있었다.

D사 최종면접에도 패기 넘치게 참석했다. 일단, D사를 합격한

후에 편안한 마음으로 삼성생명 면접을 보겠다는 건방진 생각을 했다. 면접은 오후였다. 점심을 먹고 가볍게 커피 한 잔을 홀로 마신 후, 면접장으로 자신 있게 걸어 들어갔다. 대기실에서 순서를 기다리며 주변 지원자들과 편안하게 이야기를 나눴다. 한 시간 정도면 면접을 볼 수 있을 거라 했는데, 하염없이 기다리게 하더니 약 네 시간가량을 기다려야 했다. 면접장에서 네 시간을 기다리게 되면, 분위기에 익숙해지는 것이 아니라 자신도 모르게 지친다. 익숙함이 흐트러짐으로 바뀌는 시간대다. 늘어질 대로 늘어진 상황에서 호출됐다. 급히 옷매무새를 정리하고 면접장에 들어섰다. 한 번에 대략 열 명 정도의 인원이 한꺼번에 면접을 봤다. 나에게 집중되지 않은 면접이 약간 아쉬웠지만, 여전히 자신 있었기에 가슴을 활짝 펴고 당당하게 앉아 있었다.

나보다 앞에 일곱 명 정도의 사람이 먼저 질문을 받았다. 하나같이 식스시그마에 대한 내용이었다. 식스시그마는 평범한 질문이었다. 평범한 질문일지라도, 나만의 스토리를 결합한 특별한 대답을 하겠다며 속으로 열심히 대답을 준비했다. 드디어 내 순서가 됐다. 식스시그마를 이야기하려고 입은 이미 벌어지고 있었다. 면접관이 입을 열었다.

"가만, 왜 주소가 두 개죠?"

"네?"

나도 모르게 다시 질문했다. 머릿속이 하얘졌다. 식스시그마 이야기를 하려고 하는데, 주소를 물어보니 당황스러워서 어떤 대답도 할 수 없었다. 차라리 질문을 예상하지 않은 상황이었다면 그렇게 당황스럽지 않았을 것이다. 이미 머릿속은 식스시그마에 대한 답변으로 가득 차 있고, 입안은 식스시그마가 맴돌고 있는 상황에서 '주소'가 왜 두 개냐는 질문을 받으니 당황스러웠다. A주소는 주민등록상 주소지이고, B주소는 자취방 주소라고 했다. 그런데 내가 적은 주소는 또 다른 주소였다. 입사 원서를 썼을 때는 자취방을 이사하기 전이었고, 지금은 다른 주소였다. 면접관이 놀라서 되물었다.

"엥? 그러면 집이 세 개에요?"

"네?"

당황함을 너머 황당했던 나는 또 다시 반문하고 말았다. 질문을 하는 자꾸 반문하는 지원자가 좋아 보일까? 간단한 주소를 물어보는데도 횡설수설하는 지원자와 같이 일을 하고 싶을까? 그 다음 질문으로 넘어갔지만, 한 번 당황하고 페이스가 흔들린 나는 계속해서 위축된 채로 면접을 봤다. 그 후에는 무슨 질문을 받았는지조차 기억나지 않는다. 당연히 탈락이었다. 당시 학교에서 D사 최종면접을 간 사람이 15명 정도 되었다. 나만 빼고는 전부 합격했다고 한다.

근무하던 선배로부터, 면접 준비할 필요 없이 평소 행동대로만 하면 된다는 이야기까지 듣던 나였지만, 혼자 떨어진 것이다.

D사 최종면접에서의 실패는 정말 중요한 몇 가지 사실을 깨닫게 해주었다.

첫째, 면접은 맥락이다. '어떤 인재상을 좋아한다', '합격 자소서는 이런 특징이 있다' 등과 같은 수많은 이야기가 인터넷과 책에 떠돈다. 진실은 아무도 모른다. 평가를 하는 면접관의 성향에 따라 달라질 수 있는 부분이다. 평가는 나와 면접관과의 관계에 의해 결정된다. 아무리 패기 넘치는 신입사원을 좋아하는 회사도, 면접관 개인의 성향에 따라 판단이 조금씩 다를 수 있다. 패기 넘치는 신입사원보다는 신중하고 선배를 존중하는 신입사원을 더 좋아하는 면접관이 있을 수도 있다. 또, 준비가 잘되어 있다 해도 내가 그런 것처럼 사소한 지점에서 어이없이 말려버릴 수 있다. 합격하는 자소서의 비밀을 알려준다는 강의도 많지만, 그 강의를 들은 모든 사람이 합격하는 건 아니다. (그럴 것 같으면 취업을 못 하는 사람은 없어야 한다.) 그 강의 스타일의 자소서를 좋아하는 면접관도 있겠지만, 싫어하는 면접관도 있을 수 있다. 예상치 못한 변수에 의해 많은 것이 달라진다.

A사는 B스타일의 지원자를 좋아한다. 혹은 C는 D라는 대답을 잘해서 합격했다라는 정보는 맥락을 무시한 채, 결과만 전달하는 정보다. 정보로서의 가치가 없는 이야기다.

두 번째, 질문을 수동적으로 받지 말고, 질문하게 만들어야 한다. 상대방이 묻고 싶은 걸 묻게 하는 것이 아니라, 내가 대답하고 싶은 것을 묻게 만들어야 한다. D사에서의 면접처럼 수동적으로 면접관이 던지는 질문을 받기만 하면, 예상치 못한 질문에 허를 찔려 당황하게 되고, 망해버린다. 머릿속으로 계속 식스시그마 생각을 하던 사람에게 주소를 물어보는 건, 정말 당황하게 하는 일이다. 전략 없이 면접을 보러 들어가면, 이런 일이 다시 생길 수 있었다. 철저하게 면접관들이 궁금해할 만한 내용을 파악해서 질문하도록 만들어야 한다.

세 번째, 회사뿐 아니라 회사에 근무하는 직원의 관심사를 알아야 한다. 내가 원하는 질문을 하게 만드는 데에는 회사의 관심사만으로는 부족했다. 회사가 아닌 '직원'의 관점과 관심사도 알 필요가 있다. 인터넷에 떠돌아다니는 회사의 인재상뿐만 아니라 함께 근무할 선배가 원하는 후배상을 아는 것도 중요하고, 회사의 비전과 가치도 중요하지만 실제 현장의 주된 업무와 목표를 아는 것도 중요했다. 회사는 창의적인 인재를 원하지만, 사무실은 순종적이고 눈치빠른 사원을 원할 수도 있다. 많은 금융회사가 말로는 '글로벌 금융 리더'를 원하지만, 실제로 입사해서 사랑받는 사원은 '시장상권의 리더'다. 항상 회사의 비전은 멀고 부서의 목표는 가깝다.

당시 다음 면접까지 일주일 정도 시간이 남았다. 길지 않은 시간이지만, 니즈를 파악하고 새롭게 면접 전략을 짜기에는 충분한 시간이었다. 어차피 면접의 기술은 충분히 연습했고, 더 이상 늘지도 않는다. 이제부터는 불확실성을 줄이고, 내가 원하는 질문을 상대방이 하도록 만들어야 했다.

'현장에 답이 있다'의
진짜 의미

흔히들 '현장에 답이 있다'는 말을 한다. 절대적으로 옳은 말이다. 현장에는 분명 항상 답이 있다. 그런데 이상하지 않은가? 모든 현장에 답이 있다면, 성장하지 못하는 개인, 부서, 회사는 없어야 한다. 답과 함께 살아가는 데 왜 실패한단 말인가?

현장에 답이 있지만, 실패하는 이유는 질문이 잘못되었기 때문이다. '답'이라는 나오는 전제는 '질문'이다. 질문이 있기 때문에 답이 있다. 잘못된 답은 잘못된 질문이 만든 결과다. 회사를 다니는 선배를 자주 만나면서 많은 이야기를 들어왔지만, 항상 질문의 방향은 회사였고, 사람은 없었다. 현장에서 근무하는 사람에 대해 물어본 적은 많지 않았다. 질문을 바꿔서 현장을 다시 찾아보기로 했다. 내가 면접을 볼 회사에 다니는 선배가 많지 않았기 때문에, 그냥 지점 사무실로 찾아갔다. 다행히 문이 열려 있었다. 피곤에 쩐 한 남자가(아니 선배가) 빤히 바라보면서 말을 걸었다.

"누구세요?"

"이번에 필기시험 합격한 지원자인데요, 몇 가지 궁금한 거 좀 여쭤보고 싶어서 무턱대고 찾아왔습니다."

얼굴 표정을 살폈다. 웃지도 않는다. 궁금히 여기지도 않고 그저 피곤한 모습뿐이었다. 멍하니 바라보던 선배는 감정 없이 말했다.

"저 회의실에서 잠시만 기다려주세요."

표정은 '나가세요'라고 할 것 같았는데, 의외로 기다리라고 했다. 회의실로 들어가서 안을 살펴봤다. 내가 생각한 금융사 사무실 이미지와는 거리가 있었다. 금융사라고 하면 왠지 샤프하고 트렌디한 분위기일 줄 알았는데, 정말 착각이었다. 사무실 분위기는 굉장히 실용적이었고, 안에 있는 비품을 살펴보니 몸을 쓰는 일이 많을 것 같았다. 눈을 열심히 굴리고 있는 동안 미래의 선배님께서 들어오셨다. 피곤한 표정으로, 그러나 이제는 약간의 호기심이 담긴 표정으로 물었다.

"뭐가 궁금해요?"

마음속에 담아두었던 질문을 폭풍처럼 쏟아냈다. 아래는 내가 당시에 질문했던 대표적인 것들이다.

❶ 사장님의 신년사와 월례사 내용

❷ 사장님이 자주 반복해서 쓰는 단어

❸ 부서장님께서 최근에 강조하시는 내용

❹ 부서장님이 최근에 자주 반복해서 쓰는 단어

❺ 선배님께서 출근하시면 가장 많이 하시는 일

❻ 선배님께서 가장 잘해야 하는 일

❼ 선배님께서 잘하면 가장 칭찬 받을 수 있는 일

❽ 사원들의 성과평가에서 가장 중요시 여기는 것

❾ 최근 부서에서 가장 이슈가 되는 일

❿ 부서 평가에서 가장 핵심이 되는 요소

질문의 방향은 회사가 아닌 회사 '사람'이었다. 면접 준비를 '회사'만 보고 하다 보니 거시적이고 너무 큰 그림만 그리는 것 같았다. 함께 근무할 '사람'들이 무엇을 궁금해하고 어떤 생각을 하는지가 중요했다. 열 가지가 넘는 질문 중에서 공통적인 단어가 자주 등장했다.

'**리쿠르팅**'. (보험영업을 하는 FC를 모집하는 행위)

리쿠르팅이 왜 중요한지, 리쿠르팅이 어떤 프로세스로 이루어지는지를 추가적으로 물어봤다. 만족할 만한 답변을 얻고 다른 지점으로 향했다. 한 명에게만 이야기를 들으면, 굉장히 개인적인 의견을 듣고 준비할 수도 있겠다는 생각이 들었다. 세 명에게 이야기를 들었다. 신입사원들이 주로 하는 업무가 보험을 판매하는 FC와 관련이 있다는 이야기를 듣고, 이와 비슷한 질문을 FC를 만나서 했다. 여러 명을 만났는데 자주 등장하는 키워드는 동일했다. 항상 '리쿠르팅'이었다. 나도 모르게 미소를 지었다. 나는 금융사 정규직원을 뽑는 걸로 착각하고 다른 보험사의 FC채용 프로세스를 모두 밟아본 적이 있었다. 심지어는 그 지역사업부 임원 면접까지 보고 FC로 출근하라는 통보까지 받은 터였다. 타사 리쿠르팅 프로세스를 몸으로 겪어봤으니 이제는 질문하게 만드는 일만 남았다.

다시 희망에 부풀어서 집으로 향했다. 실패를 반복하지 말자고 다짐했다. 집으로 돌아가면서 문득 궁금증이 생겼다. 그 전까지 취업 준비를 하면서 만났던 선배와 현직자는 왜 이런 이야기를 안 해주었을까? 원인은 앞서 말했듯이 질문의 주어가 잘못되었기 때문이었다. 질문의 주어가 회사였기 때문에 '회사' 이야기만 나오고 '사람' 이야기를 듣기 힘들었다. 질문이 바뀌니 답이 바뀌었다. 또 하나의 의문이 들었다. 왜 선배들은 이런 필요한 이야기를 알아서 해주지 않았을까란 의문이다. 이 의문은 풀리지 않았다.

이 의문은 나중에 내가 입사한 선배가 되어서 후배들을 만나면서 해결되었다. 대학교 후배를 만나는 자리는 약간의 힐링 시간이다. (나만 그런 건 아니다. 정말로……!) 회사에서는 힘들고 구박받지만, 대학에서는 취업에 성공한 선배다. 회사에 출근하면 주변인 모두가 삼성맨이라지만, 모교에 가서 후배들을 만나면 나만 삼성맨이다. 어깨에 괜히 힘도 들어가고 가오를 잡고 싶은 마음도 들었다. 특히, 후배들의 부러움 반 관심 반 섞인 눈빛을 보면 더 그런 생각이 든다. 내가 지금 회사에서 고생하는 것이 헛되지 않았구나 하는 생각부터, 지금 내 고생은 후배들이 가장 원하는 미래구나 하는 생각까지 하기도 한다. 그런데 거기에 대고 실제 일하면서 겪는 어려움을 말하고 싶은 생각은 안 든다. 물어보면 답하겠지만, 잘나가는 직장인 선배의 모습을 유지하고 싶은 마음에 그런 말을 알아서 하지는 않았던 것 같다. 주변에 입사한 선배가 있거든 회사뿐만 아니라 회사에 근무하는 '사람'에 대해서도 물어보자. 회사가 추진하는 특별한 사업뿐만 아니라 평범한 일상도 알면 좋다. 선배들이 말해주는 것도 좋지만, 말하지 않는 것에도 관심을 갖고 물어보자.

현장에서 만드는 훅 스토리
HookStory

현장에서 일하는 사람을 만나봤다면, 이제는 고객접점 현장을 가보자. 현장에서 만들어야 할 것은 훅 스토리의 재료다.

'Hook.'

잘 알겠지만 갈고리다. 면접관의 마음을 낚아챌 훅이 필요하다. 상대의 마음을 사로잡을 소재는 기업 현장에 있다. 우리는 기업 입장에서 면접자이기 이전에 고객이다. 회사의 직원이라면 고객이 자신의 회사와 제품, 서비스에 대해 하는 이야기가 궁금하다. 그냥 자신의 경험만을 이야기하지 말고, 현장에서 관찰하며, 뽑아낸 데이터를 가지고 이야기하자. B2B를 주로 하는 기업일지라도 엔드유저는 일반 소매 고객이다. 고객접점에서 제품을 보지 말고 사람을 보자. 생산하는 제품과 제공하는 서비스가 달라도, 결국 방향은 사람을 향해 있다. 지식이 아닌 근성으로 데이터를 추출해보자. 어느 연령대가 주로 오는지, 어느 성별인지, 그들이 어디에 관심을 가지고 있는지 관찰해보자. 신제품을 어느 지점에서 누가 사는지 세어보자.

가령 커피 회사를 지원했다고 해보자. 매장의 시간대와 지점을 기록하고 새로 나온 신제품을 몇 명이 시켜 먹는지 세어보자. 숫자만 세면 의미가 없다. 숫자를 세는 건 결국 제품에 대한 정보다. 제품에 대한 정보는 이미 회사에 충분히 있다. 매일 마감을 하면 매출이 얼마고 몇 잔이 나갔는지 나보다 정확한 자료가 있다. 우리가 주목해야 할 것은 사람이다.

신제품을 사가는 사람들의 연령대, 성별, 겉으로 드러나 보이는 특징을 살펴보자. 만약, 30대 회사원으로 보이는 여성이 가장 많이 신제품을 구매한다는 생각이 들면 그들을 간단하게 인터뷰해보자. 그리고 절대 사먹지 않는 사람도 추출해서 물어보자. 핵심은 '왜'다. 『관찰의 힘』의 저자 얀 칩 체이스는 고객접점에서 고객들이 제품과 서비스를 사용하는 요인을 제대로 이해하려면 '사용'과 '비사용'을 구분하는 경계선을 이해해야 한다고 했다. 그 제품을 사용하는 이유와 사용하지 않는 이유를 사람에 주목해서 알아내보자. 얀 칩 체이스는 2007년 방콕을 방문했을 때, 가짜 교정기를 한 소녀들을 보았다. 무심코 지나갈 수 있었지만, 그는 왜 소녀들이 가짜 교정기를 하는지 궁금해졌다. 입에 철 조각을 끼워놓고 아픔을 참아가며 가짜 교정기를 하는 이유는 교정기가 일종의 부의 상징이었기 때문이다. '나는 교정기를 할 만큼 여유가 있다'라는 표현이다. 방콕처럼 가짜 명품 옷이나 가방이 넘쳐나는 곳에서는 가짜 교정기가 훨씬 가짜 티가 덜 나는 허세의 아이콘으로 사용되는 것이다.

물론 우리에게 필요한 것은 얀 칩 체이스가 하던 전문적인 분석이 아니다. 나의 노력이 들어간 간단한 통계와 나의 관점이 들어간 해석이 필요할 뿐이다. 단, 그가 치아교정기에서 방콕 소녀의 심리를 읽은 것처럼, 우리의 노력이 들어간 통계와 자료에서 '고객'을 읽어내면 된다. 어렵게 생각하지 말고 하루만 투자하면, 나를 위한 데이터를 만들 수 있다. 특히, 내가 지원하는 회사가 B2C 기업이라면, 특별한 무기가 될 수 있다.

사람에 따라서는 이 작업이 어려워 보일 수 있다. 그런데 스펙 없는 우리가 스펙이 높은 이들과 경쟁하려면, 이렇게 발품을 팔고 노력하는 수밖에 없다. 오늘 하루 창피하고 민망하면 취업이 된다고 생각하자. (그런데 취업하고 나면 이보다 더한 일을 매일같이 할 수도 있다. 더한 일이 무엇인지는 직접 입사해보고 겪도록 하자. 일단은 연습한다는 생각으로 나만의 데이터와 해석을 만들어보자.)

1. 현직자와의 만남을 통해 주제를 정한다.

2. 현장 방문을 통해 '사람'을 관찰한다. 제품은 면접관이 더 잘 안다. 어설프게 제품을 이야기하기보다는 나만의 관점으로 사람을 읽어내고, 사람에 대해 이야기하자.

3. 사람을 관찰한 결과를 나만의 경험적인 '통계', 나만의 프로세스 등으로 체계화해 전달한다.

2장.
질문 받지 말고
질문하게 하라

80대20 법칙 :
질문하게 만든다

입사했다고 상상해보자. 회사를 대표해서 경쟁 프레젠테이션에 참석한 상황이다. 15분 발표에 10분 질의응답을 받는다. 본 발표도 중요하지만, 질의응답 시간에 얼마만큼 잘 대답하는지가 중요한 상황이다. 날카로운 질문을 받고 우물쭈물 하는 모습을 보이거나 우리의 단점을 부각시킬 만한 질문을 받으면 안 된다. 질의응답 시간에 우리의 장점을 드러낼 수 있는 방법은 무엇이 있을까?

가장 일반적인 방법은 '장점에 대해 불완전한 대답'을 하는 것이다. 완전한 대답을 하면 두 가지 상황이 발생한다. 질문을 안 하거나, 고민해서 깊이 있는 질문을 한다. 누가 봐도 궁금한 상황을 만들고,

불완전하게 대답해서 질문을 유도한다. 면접에서도 마찬가지이다. '궁금하게 만들고 다 이야기하지 않는다.' 즉 전체 대답의 내용이 100이라고 하면 80만 이야기하고 20은 남긴다. 궁금해진 면접관이 20에 대해 질문하면, 그 질문을 다시 100으로 만들어서 80만 이야기하고 20은 또 남겨둔다. 이런 식으로 네 다섯 번만 반복하면 10분은 지나간다.

면접의 가장 큰 특징은 '시간제한'이다. 면접관들이 아무리 궁금해도 한 면접자를 대상으로 무한히 물어볼 수 없다. 내가 즐겨보는 〈쇼미더머니〉로 치자면 60초 동안만 랩을 하면 되는 2차 예선과 비슷하다. 60초만 실수하지 말고, 잘하면 된다. 3분짜리 곡 전체를 잘할 필요도 없다. 정해진 60초만 버티면 된다. 면접도 마찬가지다. 면접 시간 동안 자신 있는 대답을 할 수 있도록 질문을 유도하면 성공할 수 있다.

현장 방문을 통해 영업현장에서 가장 관심 있는 이슈가 '리쿠르팅'이라는 것을 파악했다. 이제는 리쿠르팅에 대한 질문을 받기 위해 자기소개에 '리쿠르팅'에 대한 내용을 넣으면 됐다. 나의 장점 세 가지 중 마지막으로 열정을 이야기할 때 다음과 같이 말했다.

"회사에 대한 열정이 가득 차 있습니다. 입사하면 해야 하는 중요 업무 중 하나가 리쿠르팅이라는 것을 알고, 리쿠르팅 프로세스를 자세히 파악하고자 타 보험사 리쿠르팅에 참여하기도 했습니다."

리쿠르팅에 참여했다고 하니 면접관들의 눈이 커진다.

"어느 보험사에 참석했어요? 거긴 어떻게 해요?"

정말 궁금히 여기는 눈초리였다. 이제부터는 숨을 고르며 꼼꼼하게 설명한다. 모든 프로세스를 말한 후 다음과 같이 마무리했다.

"이와 같은 프로세스로 진행되다 보니, 앞서 말한 장점도 있었지만 몇 가지 단점도 발견하여 해결책에 대해서도 고민하게 되었습니다."

타사의 단점을 알고 있고 해결책도 고민했다고 하는데, 어떻게 안 궁금하겠는가? 자연히 단점과 해결책을 물어봤다. 왜 단점인지 이유를 설명하고 해결책을 제시한다. 그리고 해결책의 마지막에는 삼성생명 지점도 방문했고, 이것을 삼성생명에 어떻게 적용할지 고민했음을 밝힌다. 그저 머리로만 고민하는 것이 아니라 발로 뛰면서 고민했고, 입사하고 싶은 열정을 다시 밝힌 셈이다. 당연히 어떻게 적용할지 질문이 나온다. 질문의 순서를 살펴보자.

첫 인사
⇨ 타회사 리쿠르팅 프로세스 설명
⇨ 타사 프로세스 단점 및 해결책
⇨ 업무 적용 의견

질문에 대해 단답형이 아닌, 서술으로 네 개 연속해서 답변하고 나면 시간은 10분은 금방 넘어간다.

앞에서 질문을 간단하게 세 개만 받은 것처럼 썼지만, 실제 면접관들은 이야기를 들으면서 중간중간 가벼운 질문을 이어갔다. 중간에 나오는 질문 역시 리쿠르팅이라는 소재에서 벗어나지 않았기 때문에 쉽게 대답할 수 있다.

종아리로 시작한 강력한 첫 인사에 이어서, 준비된 서술형 답변을 세 번 이어서 하면 면접관의 눈빛이 달라져 있음을 발견할 수 있다. 다음에는 취미와 같은 신변잡기 질문이 나왔지만, 이 질문이 대세에 영향이 없다는 것은 나도 알고 면접관도 아는 분위기였다.

정리해보자. 어떤 질문이 나올지 모르는 상황에 나를 내놓는 것은 정말 위험하다. 스펙이 있는 지원자에게는 물어볼 만한 꺼리가 많지만, 우리는 그조차도 없다. 첫 인사를 할 때 궁금히 여기도록 만들어야 한다. 현장조사를 통해 관심사를 파악하고 이를 10분에서 15분 분량의 프레젠테이션으로 만든다. 이 프레젠테이션을 내용에 따라 파트를 나누고, 연결 질문을 만든다.

B사 사례를 통해 본 A사의 리쿠르팅 효율화 전략

❶ 리쿠르팅의 의미

❷ B사 사례를 통해 본 리쿠르팅 프로세스

❸ B사 리쿠르팅 프로세스의 장점

❹ B사 리쿠르팅 프로세스의 단점

❺ A사 적용방안

B사 사례로 본 A사의 전략을 이야기하면서 2, 3번을 이야기하고, 다음에는 4번이 준비되어 있음을 알린다. 4번을 이야기하고 5번이 있음을 알린다.

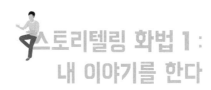

스토리텔링 화법 1 :
내 이야기를 한다

80대20의 법칙이 효과를 발휘할 수 있었던 이유는 뭘까? 누구나 타사 사례를 말하고 장점을 이야기하고 단점과 해결책, 적용방안을 이야기할 수 있다. 만약, 내가 책에서 읽은 타사 사례를 이야기하고 해결책과 적용방안을 말하려 했다면, 면접관들이 관심을 보였을까? 아마 다른 질문을 했을 가능성이 크다. 흔하게 할 수 있는 대답에 관심을 보인 이유는 책에 있는 이야기가 아닌 '나'의 이야기였기 때문이다.

내가 경험한 이야기이기 때문에 생동감 있게 전달되고, 나의 관점이 들어가 있기 때문에 궁금한 것이다. 경험을 통해 의미를 전달하고자 할 때에는 이론적인 근거와 일반적인 사례를 함께 이야기하는 것이 좀 더 설득력이 있다.

주장
⇨ **개인적인 이야기**
⇨ **이론적 근거**
⇨ **일반적인 사례**

이 이야기 구조, 왠지 익숙하지 않은가? 주장을 하고, 내 경험을 이야기하고 이론으로 증명하고 이론이 적용된 일반적인 사례로 마무리 하는 법. 1장부터 순서대로 읽은 독자라면 알아차렸을 것이다. 이 책의 1장에 나온 이야기 전개 구조다.

몸으로 첫인사를 해라

종아리로 첫인사를 했던 경험

초두효과와 블링크 개념

대니얼 카너먼과 낼리니 앰버디의 사례

일단은 두괄식으로 전달하고자 하는 이야기를 한다. 개인적인 이야기부터 먼저 나오면 주제 없이 장황하다는 인상을 줄 수 있다. 주제를 명확히 던진 후에 관련된 경험을 이야기한다. 그 후, 나의 경험과 해석이 틀리지 않았음을 말해줄 수 있는 학자의 의견이나 이론을 말해서 신뢰도를 높인다. 그리고 이를 뒷받침하는 실험 혹은 사례로 마무리한다.

만약, 통계적인 근거나 숫자로 표현할 수 있는 자료가 있다면 아래와 같은 순서대로 이야기할 수도 있다.

주장

⇨ **개인적인 이야기**

⇨ **숫자**

⇨ **이론적 근거**

이와 같은 구조는 TED 역사상 가장 오랜 기립박수를 받은 강연 중 하나인 브라이언 스티븐슨의 강의 패턴과 **동일하다.** 위 패턴은 미국의 커뮤니케이션 코치인 카민 갤로가 아리스토텔레스의 소통이론을 기반으로 분석한 내용이다. 아리스토텔레스는 상대를 설득하려면 에토스, 로고스, 파토스가 있어야 한다고 했다. 에토스는 신뢰성이다. 로고스는 논리와 자료, 통계를 통한 설득을 의미한다. 파토스는 감정에 호소하는 행위이며 이야기도 파토스로 분류할 수 있다. 카민 갤로는 브라이언 스티븐슨가 강연에 사용한 4,057단어를 분석했다. 전체적인 흐름은 위에서 밝힌 대로 개인적인 이야기가 먼저 나오고, 통계적인 설명, 그리고 이론적인 근거 순이었다. 그의 분석 중에서 주목할 만한 점은 에토스와 로고스와 파토스간의 비율이다. 스티븐슨의 강연에서 에토스는 10퍼센트, 로고스는 25퍼센트, 파토스가 65퍼센트였다. 이야기 비중이 과반수를 차지한다 할지라도, 이를 뒷받침할 수 있는 숫자적 근거와 이론적 근거가 있다면 충분히 설득력 있게 이야기할 수 있다.

스토리텔링의 가장 큰 장점은 잘 기억된다는 점이다.[*] 심리학자 제롬 브루너에 따르면 사람들은 사실 그 자체를 들을 때보다 스토리의 일부로서 들을 때 20배 이상 더 잘 기억한다.

이야기 형태로 대답할 때 가장 큰 장점은 '몰입'과 '자신감'이다. 외운 이야기가 아닌 '내 이야기'이기 때문에 나 스스로도 몰입하기 쉽다. 말하는 사람이 몰입해야 듣는 사람도 몰입하기 쉽다. 그리고 자신의 이야기는 말하는 사람도 숙지하기 쉽다.

Part 1에서 내가 전하려는 메시지는 내용보다는 전달하는 형식(비언어 커뮤니케이션)의 영향을 많이 받는다는 것이었다. 경험한 이야기를 전할 때는 훨씬 자신감이 생긴다. 이 자신감은 나도 모르게 표정에서 드러난다. 면접 하루가 남은 시점에서는 표정에만 집중하는 것이 효과적이지만, 일주일 정도 남은 시점에서는 내가 직접 몸으로 겪은 이야기를 가지고 구성해보자.

[*] 폴 스미스 / 스토리로 리드하라 p.32

스토리텔링 화법 2 : 프라이밍한다

사람의 행동은 언어에 무의식적으로 영향을 받는다. 가령 슈퍼 히어로에 대한 이야기를 듣고 그들을 떠올리는 것만으로도 행동에 영향을 받을 수 있다. 심리학자 레이프 넬슨과 미카엘 노컨은 슈퍼히어로에 대한 프레임이 그들의 행동에 영향을 줄 수 있는지 실험해보았다. 실험대상자들에게 4분 동안 슈퍼 히어로를 떠올리며 생각나는 것들을 적으라고 지시했다. 다른 그룹에게는 기숙사에 대해 생각나는 것을 적도록 했다. 그리고 설문지에 대답을 하도록 했다. 설문 문항 가운데는 '붐비는 지하철에서 노인이 타는 것을 발견했을 때 당신은 좌석을 노인에게 양보하겠습니까?'와 같이 도움과 관련된 문항이 있었다. 실험 결과 슈퍼히어로를 떠올렸던 참가자들이 기숙사에 대해 떠올린 참가자들에 비해 자기 자리를 더 양보하려 했다.

면접시간과 비슷한 시간 동안 수행된 실험에서도 언어가 행동에 미치는 영향이 드러났다. 심리학자 존 바그와 그의 동료인 마크 첸, 라라 버로스는 뉴욕대 복도에서 실험을 했다. 한 그룹의 대학생들과는 '공격적', '대담한', '무례한', '괴롭히다', '어지럽히다', '강요하다', '침해하다'와 같은 단어를 섞어서 대화를 진행했다. 다음 그룹의 대학생들과는 '존경하다', '사려 깊은', '감사하다', '참을성 있게', '양보하다', '공손한', '예의바른' 등과 같은 단어를 섞어서 대화를 진행했다. 의도를 알아차릴 수 없게 조심스럽게 대화 중에 사용되었다. 5분 정도의 대화 후에 실험자를 만나 다음 과제를 받으라고 지시했다. 다음 과제는 바로 그들 간의 대화였다. 무례하고 부정적인 대화를 주입받은 사람은 평균 5분이 지나면 모두가 상대의 말을 끊었다. 예절바르고 공손한 대화를 주입받은 이들은 82퍼센트가 대화를 방해하지 않았다. 언어는 사람의 생각과 행동에 영향을 미친다. 이런 이유 때문에 미국 애플 직원들은 매장 내에서 '오류', '바이러스', '버그'와 같은 부정적인 단어를 절대 사용하지 못하게 교육받는다고 한다. 설명을 하는 단계 혹은 일상적인 대화에서라도 저런 단어가 애플 매장 내에서 사용되면, 사람들은 무의식적으로 오류, 바이러스, 버그를 애플 제품과 연관시켜 생각하기 때문이다.

우리가 면접장에서 단어를 사용할 때에도 프라이밍 효과를 생각해서 신중하게 사용해야 한다. 면접장에서 프라이밍 효과를 보는 단어를 선택하는 데에서는 다음 두 가지를 고려해야 한다.

첫째, 지원하는 회사의 단어를 사용한다. 매장 방문을 했을 때, 사장님이나 부장님 혹은 회사에서 자주 사용하고 강조하는 단어를 물어봤었다. 면접은 짧은 시간에 이루어진다. 긴 이야기를 듣는 게 아니라 짧은 문장을 듣고 판단하는 경우도 있다. 이때는 논리성도 중요하지만 평소 사무실에서 익숙하게 사용하던 단어를 말하는 사람이 좀 더 친숙하고 준비가 잘된 사람이라는 느낌이 든다.

두 번째, 지원하는 회사의 가치, 필요한 역량을 떠올릴 수 있는 단어를 사용한다. 열정이 풍부하다고 노골적으로 열정이라는 단어를 사용하는 것보다는 열정을 떠올릴 수 있는 단어를 쓰는 것이 더 효과적이다. 도대체 어느 단어를 사용해야 할지 모르겠다면 사전을 펼치거나 검색 엔진을 이용해보자. 수많은 유사어가 나와 있다.

스토리텔링화법  We!

가장 기억에 남는 이야기는 무엇일까? 무서운 이야기? 웃긴 이야기? 친한 친구들의 실수 이야기? 가장 기억에 남는 이야기는 '내가 겪은 이야기'다.

지금은 지원자 신분이지만, 향후에는 함께 일할 동료, 함께 일할 후배라는 느낌을 전달할 필요가 있다. 면접자와 면접관의 신분이지만, 궁극적으로는 우리는 함께한다는 메시지를 전달해야 한다. 당신과 내가 다르지 않고, 회사의 문제가 나의 문제라는 공감대를 형성하는 것이 중요하다. 촌스럽게 회사와 하나가 되겠다는 말을 노골적으로 하는 것이 아니라 '우리'라는 단어를 사용하면 된다. 나라는 단어를 사용하면 나와 당신이 다르다는 생각을 가지고 상대방의 말을 항상 필터링해서 듣는다. 내가 당신을 돕는 것이 아니라 우리가 함께하는 것이고, 귀사가 아니라 우리 회사다. 내가 할 수 있는 것이 아니라 '우리'이기 때문에 할 수 있다고 이야기한다.

'나'와 '우리'는 듣는 사람과 나와의 관계를 결정짓는다. 2004년 미국 대선에서 민주당의 존 캐리 후보와 공화당의 조지 부시 대통령이 한 연설을 비교해보면, 주어의 선택이 듣는 이와 말하는 이의 심리적인 거리에 어떤 영향을 미치는지 알 수 있다.

먼저 존 캐리 후보의 연설 일부다.

"한 위대한 미국 소설가는 '그대 다시는 고향에 가지 못하리'를 썼습니다. 하지만 그는 이런 날이 오리라고는 상상도 못했나 봅니다. 오늘 나는 고향에 돌아왔습니다."

"내가 보이스카우트 유년단이던 시절 어머니는 유년단 분대 여성 지도자로 활동하셨습니다. 또한 어머니는 걸스카우트 지도자 배지를 50년 동안이나 간직하며 매우 자랑스러워 하셨습니다. 어머니는 환경에 대한 열정을 내게도 물려주셨습니다."

"산부인과는 병원 부속 건물(wing) 중 어디에 있을까요? 농담이 아닙니다. 저는 웨스트윙(West Wing, 미국 대통령 집무실과 비서진이 있는 백악관 서관)에서 태어났습니다."

다음은 조지 부시 대통령의 공화당 전당 대회 연설 전반부 중 일부이다.

"우리는 흔들리던 경제가 제 발로 일어서는 모습을 보았습니다. 그리고 우리는 제복을 입은 미국인들이 노르망디의 용사들마저 자랑스러워할 용기를 발휘하여, 산 속의 진지로 돌격하고 모래 폭풍을 뚫고 진격해 수백만 명을 해방시키는 모습을 보았습니다."

"2001년 이후 미국인들은 가파른 언덕을 마주쳤지만, 이내 힘을 내어 언덕을 올랐습니다. 이제, 힘든 여정을 거쳐 온 우리는 언덕 아래를 내려다볼 수 있습니다. 이제, 단호하게 역경에 맞서 온 우리는 미래에 달성할 위대한 역사적 목표가 있습니다."

"우리는 더 안전한 세상과 더 희망찬 미국을 건설하려 합니다. 그 무엇도 우리를 막을 수 없습니다."

부시 대통령은 청중에게 감사를 표시할 경우에만 '나'라는 단어를 언급했다. * 부시는 청중의 입장에서 연설을 하면서 자기 위주의 관점에서 벗어났고, 청중과 함께 하는 스토리를 만들었다. 그리고 '우리'가 함께 위대한 미래를 창조하기 위해 노력하는 영웅적인 나라를 그렸다. 존 케리 후보의 연설이 보여준 비전도 크게 다르지 않았다. 그렇지만 존 케리는 우리가 아닌 그 자신이 주인공이 되고, 청중을

* 조나 삭스 / 스토리전쟁 p.59

주변인으로 만들어버렸다.

　면접을 볼 때도 마찬가지이다. 나를 어필해야 하지만, 마치 이미 합격한 것처럼, '우리 회사의 일원'이라는 느낌을 전달해야 한다. 기억해야 한다. 내가 아닌 우리다.

기
승
전
훅 스토리

면접 일주일 전, 이 책을 급하게 읽고 현직자를 만나고, 현장 조사를 했다고 치자. 회사와 임원이 왜 젊은 층이 '사과'사에서 만든 제품에 그렇게 열광하는지 궁금해한다는 것을 알았다. 회사 내의 수많은 부서에서 '사과'에 열광하는 젊은 고객에 대한 분석 자료를 많이 보고했겠지만, 임원이 젊은이에게 직접 이야기를 들을 기회는 없을 거라 생각이 됐다. 여기에 대한 내용을 던져 보기로 결심한다. '사과' 제품이 아닌 '사람'에 집중해야 한다. '사과'를 많이 쓰는 젊은이를 관찰하러 스타벅스에 간다. 실제 시장점유율과 달리 스타벅스에서는 '사과' 제품을 쓰는 사람이 압도적이다. 그들을 관찰하고 대화를 나누면서, 임원의 관심을 사로잡을 스토리라인을 구상한다. 듣는 사람들의 귀에 착 달라붙도록 '스타벅스 점유율'이라는 말도 만들어냈다. 사과사의 인기 요인을 기대하는 면접관들에게 시크하게 '스타벅스 점유율을 아십니까?'라고 물어볼 생각에 씨익 웃기도 한다.

면접장에 들어섰다. 나를 포함해서 세 명의 면접자들이 함께 들어간다. '어라 혼자 들어간다고 들었는데?' 약간은 당황했지만, 태연하고 당당한 표정과 몸짓으로 들어갔다. 첫 번째 지원자에게는 이력서에 있는 어학연수 관련 질문을 한다. 두 번째 지원자에게는 오면서 어떤 생각을 했느냐고 묻는다. 나에게 묻는다.

"정장 입고 왔는데 덥지 않았나요?"

면접관의 표정을 봤다. 정말 더운지 안 더웠는지 궁금해하는 것 같다. 이 상황에서 안 더웠다고 하면 될까? 뭐라고 대답을 하는 게 좋을까? 제일 좋은 답은 내가 준비한 스토리에 연결한 대답이다.

"면접 준비를 하면서, '사과' 제품에 열광하는 고객을 우리 회사의 팬으로 만들 방법을 연구하려고 수많은 스타벅스 매장을 다니면서 사과 제품을 쓰는 고객과 우리 회사 제품을 쓰는 고객을 함께 인터뷰한 적이 있습니다. 그때 고객들에게 신뢰감을 주려고 정장을 많이 입고 다녀서 그런지, 익숙해져서 별로 덥지 않았습니다."

평범한 질문도 평범하게 대답해서는 안된다. 평범한 질문도 준비된 나의 스토리에 접목한 대답을 해야 한다. 답정너가 아니라 답정 '질'로 생각하자. 나의 답은 정해져 있고, 너(면접관)는 질문만 하면 된다. 무슨 질문이 오더라도 나의 스토리로 접목시키자. 한 번만 더 연습해보자. 만약 다음과 같이 질문이 왔으면 뭐라고 대답을 해야 할까?

"집이 인천이네요. 우리 회사까지 오는 데 멀지 않았나요?"

여기까지만 읽고, 각자 각자의 답을 생각해보자.

나라면 아래처럼 대답할 것이다.

"면접 준비를 하면서, '사과' 제품에 열광하는 고객들을 우리 회사의 팬으로 만들 방법을 연구하려고 집에서 두 시간 이상씩 걸리는 서울의 스타벅스 매장을 다니며 사과제품을 쓰는 고객과 우리 회사 제품을 쓰는 고객을 함께 인터뷰를 한 적이 있습니다. 그때 우리 회사 근처의 스타벅스 매장도 워낙 많이 다녔더니, 그렇게 멀리 느껴지지 않습니다."

대답이 똑같다. 바뀐 건 정장을 입고 다닌 것에서 멀리 있는 스타벅스 매장을 다녔다는 것 빼고는 전부 똑같다. 대답을 구성할 때, 전달해야 할 포인트는 불변으로 만들어놓자. 굵게 표시한 '면접 준비를 하면서~' 이 부분은 '정해진 답'에 해당한다. 일상적이고 평범한 질문이 면접 초반에 나온다면 무조건 나의 스토리와 연결시켜서 대답하는 연습을 해보자.

면접 날, 이것만은 기억하자

1 두리번 거리지 않는다

part 1에서 최고의 나를 표현할 수 있는 프레젠스를 만들자고 말했다. 그런데 막상 면접장에 도착하면 신기한 마음에 두리번거릴 수 있다. 몇 개월 동안 머릿속으로 그리던 회사에 입사한 건 아니지만, 공식적인 방문을 한 셈이니 마음이 벅찰 것이다. 회사 로고가 박힌 모든 물품이 신기하고, 뿌듯한 마음에 사진을 찍고 싶은 마음이 들 수도 있다. 제발 그러지 말자. 어리바리한 나의 행동이, 정말로 어리바리한 나를 만든다. 꼭 면접 보기 전에 면접을 진행하는 곳을 방문해보자. 면접장 내에 들어가볼 수 없겠지만, 로비나 엘리베이터 근처라도 가서, 장소를 익숙하게 만들자.

2 포기하지 말자

최고의 나를 표현하려고 갖은 노력을 했다. 오랜 시간 동안 철저하게 면접 준비를 했지만 긴장한 탓에 너무 버벅거렸다. 다른 지원자는 청산유수처럼 이야기하는 데 나만 실수를 많이 했다. 정말 중요하다고 생각해서 준비해간 답변은 하나도 이야기하지 못했다. 이런 상황에서 뭘 해야 할까? 손들고 이야기하자. 어차피 떨어졌다고 생각하면 마음이 참 편하다. 이미 망한 거, 준비한 건 다 토해내자는 생각으로 발언기회를 얻고, 내가 준비한 모든 건 다 쏟아내고 오자. 타자가 타석에서 가장 괴로운 일은 삼진을 당할 때다. 그중에서도 힘차게 스윙을 한 번 못하고 서서 삼진 당한 사람이 더 괴롭고 분하다. 헛스윙이라 할지라도 시원하게 내가 준비한 건 다 토해놓고 오자. 면접장에서 위기라고 생각한 순간에 용기를 낸다고 해서 더 나빠질 건 아무것도 없다.

3 모르면 물어보자

사적인 자리에서 처음 만난 사람과 대화해도, 말이 잘 안 통한다는 느낌이 들 때가 있다. 상대가 사용하는 단어가 어렵지는 않은데, 대화의 흐름이 끊기고 엇박자라는 느낌. 마음이 편한 상황에서도 이런 경우가 있는데, 마음이 불편한 상황이라면 면접관의 질문이 정확하게 이해가 안 되는 건 충분히 있을 수 있다. 질문 의도가 명확하게 이해되지 않으면, 면접관에게 물어봐야 한다. '다시 질문해주세요'라고 말할 것이 아니라, "A라는 의도로 말씀하셨는데, 맞습니까?"라고 물어보자. 질문 내용을 정리하고 확인을 요청하면, 질문의 의미를 좀 더 명확하게 하고 고민할 시간을 벌 수 있다. 그냥 다시 말해달라고 하면 이해력이 부족한 느낌이 든다. 꼭 질문을 정리하고 확인 요청하는 방식으로 물어보자.

4 말끝을 흐리지 말자

절대로 문장의 끝을 흐리지 말자. 특히 첫 인사와 자기소개를 할 때에는 말끝을 흐리지 말아야 한다. 말끝을 흐리면, 마무리가 흐리멍덩한 사람으로 비춰진다. Part 1에서 이야기한 대니얼 카너먼의 사례를 기억하는가? (당연히 기억해야 한다. 몇 페이지 앞에서 읽은 걸 벌써 잊으면 안 된다!) 세계최고의 전문가인 노벨상 수상자도 초두효과에 넘어갔다는 것을 잊지 말자. 목소리 크기는 다음과 같이 조정하자

안	녕	하	십	니	까		A	기	업	을		위	해		뛰	는		김		에	이	입	니	다
5	4	4	4	4			5	4	4			3	2		4	4		5		3	3	3	4	5

처음 시작할 때 안녕하십니까의 '안'과 'A', '김', '다'는 모두 동일한 음성 높이로 유지되어야 한다.

5 은어나 유행어, 비속어를 사용하지 말자

친구를 만나는 자리가 아니다. 공식적인 자리에서 은어나, 유행어 비속어를 실수로라도 쓰지 않도록 조심하자. 가끔 면접관이 긴장감을 풀어주려고 유행어나 비속어를 사용할 수

는 있다. 면접관은 그래도 된다. 그런데 우리는 안된다.

6 '음', '아', '오', '예'와 같이 불필요한 말은 하지 않는다

'음', '아', '오', '예'와 같은 말을 사용하는 것은 긴장했거나, 습관이기 때문이다. 쉽게 고쳐지지 않더라도, 노력은 하자. 혹시 답변이 바로 생각이 나지 않을 경우에는 차라리 "잠시만 생각해도 되겠습니까?"라고 양해를 구하자. '일화를 들려주겠다'거나 '이야기를 말하겠다'와 같이 불필요한 문장도 말하지 말자.

7 일정한 속도로 이야기하지 말자

앞서 이야기했듯이 말할 때 일정한 속도로 말하는 것은 보이스피싱처럼 들린다. 절대적으로 말의 높낮이와 크기를 조절한다.

8 반복적인 몸동작은 하지 않는다

예측 가능할 정도로 반복적인 몸동작은 하지 않는다. 강인한 의지를 보여주겠다며 5초마다 한 번씩 주먹을 불끈 쥐거나, 스티플 자세를 취하지 말자. 산만해 보일 뿐이다.

9 이야기에 등장하는 인물은 최소화해야 한다

스토리텔링을 하겠다면 너무 장황하고 긴 이야기, 특히 등장
인물이 많은 이야기는 하지 말자. 이야기에 등장하는 인물은
적을수록 좋다. 등장인물이 많아지는 순간 듣는 사람은 무의
식적으로 짜증스러워하며 이야기에 귀를 기울이지 않는다.

PART 3

면접 1개월 전:
자소서,
이렇게 쓰면 망한다

STORY

50여 개의 원서를 쓰는 동안 서류 합격을 한 회사는 2군데였다. 하나는 D화재, 하나는 삼성생명이었다. 합격률이 4퍼센트다. 내가 지원할 당시 삼성생명은 서류 탈락자가 거의 없이 필기시험에서 지원자들을 탈락시켰다. 만약, 삼성생명도 제외하면 합격률은 2퍼센트인 셈이다. 통계자료를 발표할 때도 오차범위가 5퍼센트일 때가 있다. 내 자소서는 오차범위에 걸려서 합격했을 수도 있다. 기본 스펙이 안 좋아서 탈락하는 것이겠지만, 이 정도로 합격률이 낮은 이유는 자소서를 못썼기 때문이다.

오차범위에 들어가는 자소서 합격률을 기록하다 보니, '자소서를 이렇게 쓰세요'라고 말할 수는 없으나, '이렇게 쓰지 마세요'라고는 누구보다 자신 있게 말할 수 있다. 애매하게 합격한 자소서라면, 참고자료로서 가치가 없겠지만, 업종과 회사를 불문하고 탈락하는 자소서는 참고자료로서의 가치가 충분하다. 나처럼 쓰면 확실히 망할 수 있고, 불합격의 길로 달려갈 수 있다. 합격의 비법이 아니라 불합격의 비법을 이야기하려고 한다. 단, 내가 내 자소서를 자아비판하는 건 부정확하다. 최선을 다해서 써놓고 불합격했기에, 최선을 다해서 분석해봤자 도움이 안 될 수도 있다는 생각이 들었다. 좀 더 객관적인 전문가의 의견이 필요했다. 내가 가장 공들여 쓴 신한은행 자소서를, 현재 취업교육을 하고 있는 컨설턴트 및 강사님들께 첨삭을 요청드렸다. 그리고 현재 신한은행 직원들에게도 첨삭을 요청했다. 그 내용을 정리해봤다. 자소서를 쓰기 전에 꼭 이 Part 3을 참고하길 바란다.

신한은행에 제출했던 자소서는 너무 양이 많았기 때문에, 못 쓴 와중에서도 특별히 못 쓴 부분만 발췌해서 분석했다. 지문을 먼저 읽고 자유롭게 지적해보자. 그 후 분석 내용과 본인이 지적한 내용을 비교해보길 바란다.

지원동기 부분

"산산이 부서진 화분, 허공 중에 흩어진 고지서. 그 속에서 피어나는 CS와 금융인의 꿈"

국민연금관리공단에서 고객상담 경험하며 '금융인'을 꿈꾸게 되었습니다. 저는 2년 동안 국민연금관리공단 서인천 지사에서 공익근무를 했습니다. 저의 업무수행능력과 성실함 그리고 친화력을 높이 평가해 주신 민원팀 팀장님께서 공익근무 시작 후 한 달 만에 지역가입자 상담 업무를 맡기셨고, 얼마 후에는 민원실 자격파트에 정식 배치되어 지역가입자 업무와 사업장 업무도 맡게 되었습니다. 많은 고객님들께서 국민연금의 강제성 때문에 대부분 불쾌한 기분으로 민원실로 오십니다. 그러나 항상 웃음을 잃지 않고 고객님들의 입장에서 문제를 해결해 드리려는 제 노력이 돌아가시는 고객의 입가에 웃음을 띠게 하였습니다. 많은 고객님들이 기억에 남지만 그중 장애로 휠체어를 타고 민원실을 방문하신 고객님이 제일 기억에 남습니다. 당시 국민연금에 대한 불신으로 가득하셨던 그 분은 화분을 던지고 고지서를 찢으시며 제 머리에 뿌리셨습니다. 저는 CS교육에서 배운 대로 일단 고객님을 진정시켜 드리기 위해 개별상담실로 자리를 옮겼습니다. 그리고 고객님의 입장에서 그분의 불만사항을 해결해 드렸습니다. 그 고객님은 몹시 만족해하시면서 나가실 때는 친절사원 투표함에 제 이름이 적힌 그린카드를 넣어주고 나가셨습니다. 저의 노력이 고객님의 기분을 바꿔드리고 제가 속한 기관의 고객만족도 향상에 기여할 수 있다는 확신을 가지게 된 순간이었습니다. 또 저의 서비스로 기분 좋게 나가시는 고객님을 보면서 그날 제가 느꼈던 만족감은 그 전에 어떠한 일에서도 느끼지 못한 것이었습니다. 그 날 이후로 저와 고객들의 만족을 위해 민원상담에 더욱 최선을 다하였습니다. 2년여 공익기간 동안 CS를 통한 개인적인 만족의 한계효용은 떨어지지 않고 지속되었습니다. 제 인생 최초로 한계효용체감의 법칙이 무시되었던 민원팀에서의 경험은 고객과의 관계 속에서 저와 조직이 함께 성장할 수 있는 금융인이 되기를 희망하게 만들었습니다.

저자의 지원동기를 읽고 마음껏 비판하시오

_____

_____

_____

_____

_____

분석

첫 번째 단점은 손발이 오그라드는 표현이다. 나도 동의했다. 첫 문장을 읽고 손발이 없어지는 줄 알았다. 산산이 부서진 화분과 허공에 흩어진 고지서 속에서 피어나는 금융인의 꿈이라니……. 신춘문예도 아니고, 이 무슨……. 한숨만 나왔다. 불합격에는 이유가 있다. 감정에 호소하는 것은 좋은 전략이지만, 이 문장은 감정 과잉이라는 비판이 있었다.

두 번째, 필요 없는 상황설명만 길다는 점이다. 지원동기가 전체 20줄이다. 그중 10줄은 내가 민원실에서 공익근무를 했는데, 민원인이 고지서를 찢고 내 머리에 뿌렸다는 내용이다. 상황 설명하는 데 절반을 쓴 셈이다. 스토리텔링을 한다면서 지나치게 상황설명만 한

꼴이다. 스토리텔링을 할 때, 배경과 등장인물만 장황하게 소개하는 실수를 하지 말자.

세 번째는 지원동기를 써야 하는 데, 지원동기가 불확실하다는 점이다. 서비스와 관련된 경험은 한계효용체감의 법칙이 적용되지 않았기 때문에, 금융인이 되고 싶다라는 해괴한 논리가 전개된다.

지원동기가 가장 중요하다고 하는데, 가장 많은 비난을 받은 것이 이 지원동기 부분이었다.

신한은행 직원들의 피드백

- 국민연금관리공단의 CS경험이 어떻게 금융인과 연결될 수 있지?
- 자소서에 등장한 CS경험은 너무 흔한 사례다.

불만고객 ⇨ 나의 웃음, 끈기, 친절 ⇨ 고객감동

공식화된 패턴에서 한 치도 벗어나지 못한 사례였다.

직장생활 부분 👤

1 For Customer

고객님들의 PB아닌 PB가 되겠습니다. PB서비스의 대상이 되지 않는 고객님들에게 PB서비스를 받는 다는 생각이 들게 하겠습니다. 단순히 상품판매를 하는 것이 아니라 고객님의 상황과 인생목표를 성취하는 데 기여할 수 있는 신한인이 되겠습니다. 고객과의 상담에서 CDP개념과 인간관계론을 활용하겠습니다. 고객님의 상황과 인생목표를 고려하여 신한금융그룹의 상품으로 구성된 투자포트폴리오를 제시하겠습니다. 이를 통해 일시적인 상품판매가 아니라 고객님을 품을 수 있는 행원이 되어 고객님과 신한이 오랜 '신뢰관계'를 구축하는 데 기여하겠습니다.

2 For Employee

먼저 다가가는 신한인이 되겠습니다. 선배님들에게 먼저 다가가고 솔선수범하여 신뢰받는 신입행원이되겠습니다. 서로를 신뢰하는 하나 된 지점문화를 만들어 신한은행이 모두에게 존경받는 일터가 되는 데 기여하겠습니다.

3 For Society

금융을 통해 사회에 기여하고 싶습니다. 신한은행의 성과와 사회발전을 동시에 추구하겠습니다. 신한은행이 사회와 관계를 맺으며, 이 사회를 품고, 이 사회로부터 사랑과 존경을 받는 기업이 되는 데 기여하겠습니다.

4 For Shareholder

업무의 수월성보다는 지점과 신한의 성과향상을 먼저 고려하겠습니다. 끊임없는 자기계발과 고객만족을 위한 열정적인 노력으로 신한은행의 성과향상에 기여하겠습니다. 이를 통해 신한은행이 주주들로부터 조건 없는 신뢰를 받는 데 기여하겠습니다.

저자의 직장생활 부분을 읽고 마음껏 비판하시오

가장 많이 받은 지적사항은 구체성 부족이었다. 먼저 선배들에게 다가가겠다고는 하는데, 어떻게 다가갈 건지 안 나와 있다. 사회와 관계를 맺겠다고 하는데, 어떻게 맺을 것인지는 없다. 끊임없는 자기 계발과 열정적인 노력이라고는 하는데, 구체적으로 뭘 어떻게 할 건지 아무것도 없다. 이 자소서를 쓸 때 난 최선을 다해서 썼다. 정말 잘 썼다고 생각했고 합격할 거라고 자신했다. 지금 생각하면 어이가 없어서 웃음이 나온다. 그런데 난 웃어도 이 글을 읽는 여러분은 웃으면 안 된다. 여러분도 나처럼 최선을 다해서 어이없는 자소서를 쓸 수 있다.

두 번째 지적은 '내'가 없다는 점이다. 분명 자소서인데, 내가 안보인다. for customer, for employee, for society, for shareholder의 분류는 당시에 홈페이지에서 본 내용이다. 이 분류를 바탕으로 쓴 것은 좋았으나, 고민이 없었다. 저 분류에 맞춰 나를 써내려 갔어야 했는데, 저 분류에 따라 그냥 글을 써내려갔다.

- PB업에 대한 이해가 부족하다.
- 홈페이지를 그대로 긁어 온 듯한 내용이라 진부하다.
- 내용이 없다.

신한은행 직원들의 피드백도 비슷했다. 글은 있지만, '내'가 안보인다는 지적이다. 자소서에 내가 없는 이유는 자기 분석이 빈약해서였을까? 돌이켜보면 자기 분석이 문제가 아니라 직무 분석이 문제였다. PB업에 대한 이해가 부족하다보니, PB업에 맞는 내 모습을 보여줄 수 없었다. 신한은행 직원이 지적한 'PB업에 대한 이해 부족'이 '내'가 없고 '홈페이지 정보'만 담겨 있는 자소서를 만들었다. 직무와 업에 대한 분석은 온라인이 아닌 오프라인, 글이 아닌 사람을 통해 이루어져야 한다. 무조건 만나서 듣자. 글로 읽는 것보다 만나서 듣다 보면 일하는 상황에 훨씬 더 몰입하고, 공감할 수 있다. 이해가 부족하다는 말은 정보가 부족하다는 뜻도 있겠지만, 그 일을 하는 사람에 대한 공감이 부족해도, 이해가 부족한 느낌이 들 수 있다.

입행을 위한
준비 과정

"Road to Shinhan"

저는 책이 아닌 경험을 통해 신한에 기여할 수 있는 역량
을 키워왔습니다.

1 부모님께 배운 정직과 신뢰

독실한 기독교도이신 부모님은 항상 정직하게 살라고 가르
쳐 주셨습니다. 부모님의 가르침을 따라 살면서 타인에 대
한 정직한 태도가 신뢰의 기본이 된다는 것을 알게 되었습니
다.

2 충무공에게 배운 냉정함

'칼의 노래'와 '난중일기'를 수십 번씩 읽으며 위기의 상황에서도 흔들리지 않는 냉정함을 배웠습니다.

3 헤딩슛을 통해 배운 협동과 용기

헤딩슛을 잘하려면 먼저 동료들과 호흡이 잘 맞아야 합니다. 이외에도 공이 맞는 순간 눈을 감지 않는 용기가 어우러져야 멋진 헤딩슛이 나올 수 있습니다. 저는 친구들과 축구, 특히 헤딩슛을 연습하면서 협동과 용기를 배울 수 있었습니다.

4 행정학과에서 배운 균형 잡힌 사고

행정학 수업을 통해 항상 공익과 사익을 고려하는 균형 잡힌 시각을 기를 수 있었습니다.

5 국민연금에서 배운 솔선수범

모두가 귀찮아 하는 일을 솔선수범하는 태도는 조직의 단결과 화합에 기여한다는 것을 알았습니다

6 국민연금에서 체화한 고객중심의 마인드

고객만족도를 향상시키기 위해서는 고객의 입장에서 생각

하야 한다는 것을 경험을 통해 배웠습니다. 또 '인간관계론'
에 근거하여 고객을 대할 때 고객만족도가 더욱 향상될 수 있
음을 알게 되었습니다.

7 Hoegh Autoliners Korea. Ltd 인턴근무
연공서열 중심이 아닌 직무중심의 인사시스템을 채용하
는 기업의 장점을 알게 되었습니다. 또 외국기업의 효율성
은 상대를 존중하는 조직문화에 기반을 둔 다는 것을 깨닫
게 되었습니다.

8 조폐공사 BSC 구축 참여
건국대학교 행정학과 공공경영센터 내의 공공경영연구회 활
동을 통해 조폐공사 BSC구축작업에 참여할 수 있었습니
다. KPI 설정 과정을 통해 새로운 경영기법을 도입하기 위
해서는 조직 내 구성원의 참여가 필수적임을 알게 되었습니
다. 단기적으로 보면 조직 구성원의 참여는 시간과 경제적 비
용의 증대를 불러오지만 제도에 대한 조직의 수용성을 높
여 주어 궁극적으로는 조직의 효율성을 높여주는 것을 보았
습니다.

9 환경자원관리공사 CDP 구축 참여

조직원의 비전과 가치가 조직의 비전과 가치와 일치할 때
만 서로가 발전할 수 있음을 알게 되었습니다. 저는 이 작업
에 참여하게 된 이후에 끊임없이 저의 가치와 비전이 일치하
는 기업을 찾게 되었습니다. 그리고 고객 중심의 서비스 마인
드, 열정, 혁신, 인재를 만드는 인사시스템을 지닌 신한은행
을 발견하게 되었습니다. 또 사례조사를 하는 과정에서 신한
은행의 CDP가 금융권 최고임을 알게 되었습니다. 업계 최
고의 신한은행 CDP를 통해 저와 신한의 발전을 도모하
고 싶습니다.

저자의 입행을 위한 준비과정을 읽고 마음껏 비판하시오

분석

여기서도 이구동성으로 구체성 부족을 지적했다. 그저 항목만 잔

뜩 나열하고 구체적인 내용이 없다 보니, 눈에 들어오는 내용이 하나도 없다. 어떻게 솔선수범을 배운 것인지, 균형 잡힌 사고는 무엇을 이야기하는 것인지, 구체적으로 이야기해주는 게 하나도 없다. 나열식으로 팩트만 뽑았기 때문에 읽고 있는 사람은 전혀 감흥이 없다. 지원동기에서는 산산이 부서진 화분과 허공에 흩어지는 고지서를 찾으며 감성을 폭발시키더니, 이 부분에서는 갑자기 냉정해졌다. 오로지 팩트만 나열하는 강인한 모습을 보여줬다. 중간이 없다. 그래서 떨어졌나 보다.

일부는 1부터 6까지의 항목과 7부터 9까지의 항목의 성격이 서로 다르다는 것을 지적하기도 했다. 두 부분의 성격이 다르다 보니, 단순히 짜깁기 같은 느낌이 든다.

신한은행 직원들의 피드백

- 자기 감상이 지배적이고 주장에 대한 근거가 없다.
- 경험은 많이 한 듯하지만, 경험에서 이끌어 내는 해석이 빈약하다.
- 백화점식 나열을 했을 뿐 내용이 없다.

대학시절
특별한 경험

"인도인에게 커리가 아닌 카레를……"

2006년, 인도에서 공연을 결합한 마케팅으로 카레를 성공적으로 판매한 경험이 있습니다. 출발 전 저희는 한국상품 판매를 통해 불우이웃돕기 성금을 마련하기로 했습니다. 저는 카레의 고향인 인도에서 대한민국의 '3분카레'를 팔자고 했고 많은 팀원이 단순한 액세서리를 시장에서 판매하자며 반대했습니다. 저는 고객층을 정확히 선정하고 마케팅하면 성공할 것이라 생각했습니다. 제 생각만을 주장할 수 없어 예산의 20퍼센트만 할당해줄 것을 요구했고 팀원들은 동의했습니다. 인도 도착 후 중산층이 한국과 한국제품에 대해 매우 좋은 이미지를 가지고 있다는 것을 파악했습니다. 저는 가이드의 도움으로 자이푸르 지역의 보석상을 만났고, 그의 파티에 초대받았습니다. 저는 팀원들에게 파티초대 사실을 말하고 함께 공연 형식으로 마케팅하자고 제안했습니다. 내용은 월드컵 4강에 대한 퍼포먼스였고 마지막은 한국선수들이 3분카레를 즐겨먹는다는 메세지를 담았습니다. 한국과 월드컵에 대해 잘 알던 중산층에게 공연은 많은 갈채를 받았습니다. 일반노점에서 1개밖에 판매되지 않던 카레가 그날 저녁에는 모두 판매되었습니다.

저자의 특별한 경험을 읽고 마음껏 비판하시오

분석

인도에서 카레를 판 경험은 호평을 많이 받았다. 분명 단점만 피드백해달라고 요청했음에도 대부분의 사람들이 이 에피소드에 대해서는 칭찬을 했다. 다만, 좋은 사례를 충분히 살리지 못한 대표사례로 평가했다.

가장 아쉬운 점은 여기서 쌓은 경험을 통해 무엇을 배웠는지, 혹은 어떤 역량 향상을 가져왔고 그 역량으로 신한은행에 어떻게 기여할 것인지 내용이 없다. 그냥 특별한 경험을 재미있게 이야기한 게 전부라는 의견이 많았다. 나는 자소서가 아니라 그냥 글을 쓰고 있었던 것 같다.

신한은행 직원들의 피드백

- 관심을 끄는 내용이나 무엇을 배웠는지가 없다.
- 그래서 신한은행에서도 오뚜기 카레를 팔겠다는 말인가? 신한은행과 연결고리가 전혀 보이지 않는다.

자소서 총평

❶ 역량에 대한 이야기가 없다. 정말 잘하는 게 무엇인지, 이 역량으로 신한은행에 어떻게 기여할 것인지에 대한 내용이 없다. 자소서를 통해 역량을 드러낼 때에는 'FABE'기법을 활용해보자. FABE는 세일즈에서 주로 쓰는 화법이며, 상품을 설명할 때 주로 사용한다.

Feature(특징)

Advantage(장점)

Benefit(구매 시의 이익)

Evidence(이익의 증거)

이 구조를 활용하면 아래와 같다.

F : 지원하는 회사의 직무를 하기 위한 나의 노력

A : 다른 경쟁자들과 비교했을 때 차별화되는 나의 장점

B : 내가 채용되었을 때 회사에 기여할 수 있는 부분

E : F, A, B를 증명할 수 있는 사례나 노력의 대가 등

❷ 스토리와 동기 부분은 잘 표현되었지만, 굳이 왜 신한은행에 입행해야 하는지에 대한 부분이 약하다. '그저 신한은행이 좋으니까 입사하고 싶습니다'라는 느낌이 강하다.

❸ 내용 대부분에 구체성이 떨어진다. 불필요한 묘사는 많고, 정작 필요한 내용은 짧게 다룬 게 많다.

❹ 직무 분석이 부족하다. 차라리 영업적인 측면을 강조했으면 모르겠지만, 왠 CS 내용이 그렇게 많은가? 신한은행에 근무하는 K과장은 '은행 지점의 행원은 금융업이 아니라 금융판매업을 하는 사람'으로 정의했다. 서비스를 강조할 게 아니라 영업력을 강조했어야 했다.

❺ 띄어쓰기와 맞춤법 같은 기본부터 지키자. 생각보다 많은 맞춤법과 띄어쓰기 지적을 받았다. 맞춤법과 띄어쓰기 같은 기본을 잘 지켜야 한다는 말은 자주 들었지만, 나에게 해당사항이 있을 거라곤 상상도 못했다. 기억하자. 남들이 실수하기 쉬운 것은 나도 실수하기 쉽다. 아니 나는 무조건 실수하는 부분이라고 생각하자.

자소서를 작성할 때 이것만은 신경 쓰자

1 자소서는 출력해서 보관하자

온라인 전송 후에 내용을 몰라서 면접을 보다가 당황하는 경우가 발생할 수 있다. 너무 많은 회사에 지원하고, 뜻밖에 합격해서 면접을 보러 가면 당황한다. 꼭 내용을 확인해야 한다. 지원서와 자소서 속의 '나'는 진짜 '나'가 아니다. 입사를 하려고 만들어낸 '나'이기 때문에 기억 못 할 수 있다. 내가 D화재 면접에서 주소가 왜 두 개냐는 질문을 받고 당황한 것도 주소를 두 개 썼는지 기억이 안 났기 때문이다.

2 회사 홈페이지에서 강조되는 단어를 찾아라

면접을 준비하는 단계에서는, 현직자와의 만남을 통해 회사의 언어를 익힌다. 자소서를 쓰는 과정에서는 홈페이지에서 사용된 단어를 익힌다. 어떤 가치를 중요하게 여기는지, 그 회사만의 용어가 있는지, 자주 반복되는 게 무엇인지 확인한 다. 이때 뉴스를 함께 검색하는 것도 효과적이다. 만약, 대표이사나 홍보팀에서 외부에 발표한 자료에 자주 나오는 단어가 홈페이지에도 많이 나오는 단어라면, 그건 무조건 활용해야 한다.

3 나는 이 회사의 가치를 실현하기 위해 살아온 사람이다

자소서를 쓰다 보면 회사의 가치에 자신의 성격, 성장배경 등을 맞추게 된다. 그런데 회사에 나를 맞추는 것으로는 약간 부족할 수 있다. 회사에 맞춘다는 기분으로 자소서를 쓰면 안 된다. 자소서를 쓰는 기간 동안은 나는 이 회사의 가치를 실현하기 위해 태어났다는 몰입을 해야 한다.

4 왜 꼭 이 회사인가?

이 회사를 지원하는 것이 나에게 어떤 의미가 있는지 밝히도록 하자. 단순히 이 회사가 좋아서, 혹은 이 직무가 좋아서 입사를 희망한다고 말하지 말자. 이 회사를 정말 왜 오고 싶은지 개인의 관점에서 기술해보자.

자소서 첨삭에 도움 주신 분들

강원 대표 / 엔티코리아 / pursea@naver.com

김현주 대표 / 변화와 성장 / khjchange@naver.com

최지훈 대표 / 한국서비스인재양성연구소 / mysky8947@naver.com

홍혜리 강사 / 한국강사공제회 / hong9588@klcu.or.kr

김지혜 강사 / 멀티캠퍼스 / jh929.kim@multicampus.com, wisdom0929@gmail.com

김하경 강사 / 멀티캠퍼스 / hkno1.kim@multicampus.com, hakyungno1@naver.com

마리아 강사 / 멀티캠퍼스 / riama@multicampus.com, ria48@naver.com

이혜인 강사 / 멀티캠퍼스 / hj95.lee@multicampus.com, adhi21@naver.com

최현서 강사 / 멀티캠퍼스 / ks1004.choi@multicampus.com, ks0831@naver.com

*실명은 밝히지 못한, 신한은행 행원분들게 감사드립니다.

PART 4

면접 3개월 전:
다함께 성공하는
취업 스터디의 비밀

STORY

풀타임 취업스터디를
해야 하는 이유 :
같이 맞는 매가 덜 서럽다

취업에 성공할 수 있었던 이유 중 가장 큰 하나는 두 달 동안의 방학은 물론 학기 중에도 계속 함께한 취업스터디다. 잠깐 면접 연습만 함께하는 스터디가 아니라, 취업의 전 과정을 함께 준비했다. 깨어 있는 시간 대부분을 함께했으니, 풀타임 취업스터디였던 셈이다. 방학 때는 아침 9시부터 저녁 10시까지 함께했으며, 지원서를 한꺼번에 써야 할 때는 학교 스터디룸을 빌려서 밤새 함께 쓰기도 했다. 사람에 따라서는 왜 그렇게 해야 하지? 난 혼자 하는 게 편한데? 각자 스타일이 다른데, 면접 연습할 때만 모여서 하면 되지 않을까? 하고 생각할 수도 있다. 맞는 말이다. 이 책을 읽는 독자 중에서, '난 이미 지난 몇 년간 스터디그룹을 했는데 망했어!'라고 외칠 수 있는 분은 내가 말한 방식을 검토하지 않으셔도 된다. 몇 년간 해봐서 이미 망한 분이 아니라면, 풀타임 취업 스터디를 강하게 권한다.

❶ 같이 맞아야 덜 아프다

사원 시절에 회사생활이 너무 힘들었다. 힘든 게 정상이다. 자유로운 대학 시절을 보내다가 시스템적으로 움직이고 생각해야 하는 회사에 들어왔는데, 힘든 게 정상이다. 심지어 난 학부를 10년을 다녔으니 더 힘들었다. 너무 오래 왕고 생활을 했는데, 아침 7시까지 출근해서 매일 저녁 10시 정도에 퇴근했다. 아침에 사무실에 들어가면, 숨소리가 들릴 정도로 무겁고 적막했다. 95퍼센트가 남자들로 구성된 조직이다 보니 '군대 같은' 분위기였다. 제일 힘든 조직 분위기가 군대 '같은' 분위기다. 차라리 군대면, 여긴 군대니까라고 이해할 수 있는데, 군대도 아닌 데 '군대 같은' 분위기 속에 있으면 정말 답답하다. 가장 오고 싶던 회사인데, 너무 적응하기가 힘들다 보니 내가 문제가 있나라는 생각이 들었다. 어느날 우리 부서에 있던 선배에게 나의 고충을 이야기하니 아무렇지도 않게 한마디 했다.

"잘하고 있는 데 뭘, 나는 너네 부서 있을 때 스트레스가 너무 심해서 하반신 마비가 왔었어. 그래서 응급실까지 갔는데 뭐⋯⋯. 너 하반신 마비 안 왔으면 잘하고 있는 거야."

아⋯⋯ 그때의 안도감을 잊을 수 없다. 모두가 힘든 곳이고, 내가 두 다리 성하게 걸어 다니는 것만으로 잘하고 있다는 것에 큰 용기를 얻었고 안도가 되었다. 그 후로 나 역시 후배들, 특히 회사 생활 힘들다며 우는 후배에게(의외로 남자도 종종 운다. 특히, 회식 후 둘이 남은 상황에서는 쉽게 눈물을 보인다) '하반신 마비' 선배 이야기와 나도 너처럼 정말 힘들었다는 이야기를 해준다. 후배들은 '나도 너처럼' 힘들었고, '네가 부족해서 그런 게 아니다'라는 이야기에 안심하고 위로 받았다.

회사 생활에서만 '나도 너처럼 힘들었다'에 위로받는 건 아니다. 그나마 회사는 밥벌이라도 한다는 위로의 마지노선이 존재한다. 하지만 취업 준비는 뭔가 합리화하거나 스스로를 위로할 만한 게 없다. 혼자인 상황에서 계속해서 실패하다 보면 점점 더 위축된다. 모두가 잘하는 데, 나만 뒤처졌다는 생각이 생긴다. 과거에 알고 지내던 사람들이 한 명 두 명씩 취업할 때마다, 특히 나랑 성향이 잘 맞지 않았거나, 라이벌 의식을 느꼈던 사람, 혹은 우월감을 느꼈던 친구들이 취업을 하기 시작하면 점점 더 수렁으로 빠지는 기분이 든다. 그게 정상이다. 나도 모르게 집구석에 처박혀서 사이버 세상에서 살고 싶어지기도 하고, 부모님의 전화가 귀찮아질 수도 있다. 나도 그랬다. 최종면접 합격 후 신체검사에서 떨어지고 나니, 자꾸 세상을 외면하고 옥탑방에 처박히고 싶어 졌다. 혼자서 계속된 실패와 어려운 취업을 온전히 감당하기는 어렵다. 혼자가 아니라 다함께 모여서 온힘을 다해 지원서를 쓰고, 장렬하게 탈락하는 과정을 반복해야 한다. 계속해서 실패하는 친구들을 보면서 내가 모자라고 부족한 것이 아니라,

지금은 이렇게 탈락하는 게 정상이라는 생각이 들어야 한다. 딱 한 군데의 회사에 지원에서 바로 합격할 자신이 없다면, 함께해야 한다. 멀리 가려면 함께 가야 한다는 말은 취업에서도 유효하다.

❷ 나는 나를 모른다

취업에서 중요한 것은 '내가 누구냐'보다 '내가 어떻게 보이냐'다. 면접에서 판단 기준은 '진짜 나'가 아닌 '보이는 나'다. 취업 준비는 진짜 나, 혹은 최고의 나와의 간격을 좁히는 훈련이다. 이 간격을 줄이려면 내가 어떻게 보이는지 알아야 한다.

내가 어떻게 보일지 이야기해줄 만한 사람은 의외로 많지 않다. 가깝고 친한 사람은 많지만 취업이라는 방향에 맞춰 가감 없이 말해줄 사람은 더 없다.

나를 잘 아는 부모님이 말해줄 수도 없다. 자식을 객관적으로 판단하는 부모님은 흔치 않다. 설령 자식을 냉정하게 판단하는 부모님이라도, 취업 때문에 힘들어하는 자식에게 '진짜 너를 알려 주마'라며, 단점을 말해주는 분은 별로 없고, 취업하려면 어떻게 해야 하는지 솔직히 말씀해주시기는 쉽지 않다. 솔직히 얘기해주셔도 잔소리 좀 그만하시라고 하지, 귀담아 듣지 않는다. 언니나 오빠, 형에게 조언을 듣겠다고? 농담이라 생각한다. 그들은 우리 모습에 무관심하다. 친구가 쓴 소리를 잘해준다고 하지만, 친구끼리 솔직해졌다가 괜히 우정에 금가는 경우도 있다. 주변에 사람은 많을지라도, 도움이 되는 조언을 해줄 사람은 많지 않다.

몇몇 사람은 혼자 공부하다가, 서류 합격 발표가 나면 그때 서류 합격자들끼리 모여 면접스터디를 하면 된다고 생각한다. 곰곰이 생각해보자. 면접장에서 만날지도 모르는 경쟁자에게 제대로 된 피드백을 해줄 수 있을까? 분명히 우리끼리는 그러지 말자고 이야기할 거다. 그런데 우리끼리 그러는지 그러지 않는지 아무도 모른다. 좋은 약은 입에 쓰다는 데, 달달한 약만 줄지도 모른다. 원래 좋은 약은 아무에게나 주지 않는 법이다. 최악의 취업난으로 서로가 경쟁자로 보이는 상황에서는 더욱 그렇다.

'취업을 위한 나'에 대해 가장 잘 이야기해줄 수 있는 친구를 만드는 게 좋다. 처음부터 같은 목적으로 모여서, 같은 고민을 하면서 관계를 만들어야 한다.

몇몇 취업 관련 서적이나 강의에서는 취업 스터디에서 지나치게 친해지는 걸 경계하기도 한다. 취업스터디가 친목스터디가 되는 것을 경계한 조언이다. 틀린 말은 아니다. 친해지기만 하고 취업이 안 된다면 문제지만, 친해져서 취업에 도움이 된다면 친목스터디가 되도 상관없다. 스터디가 흐지부지되고, 취업이 안 되는 건 친목과는 상관없다. 친해져서 스터디가 흐지부지 되는 것이 아니라, 그냥 기강이 해이해져서 스터디가 무너지는 것이다. 스터디를 한 친구 때문에 취업이 안 되는 것이 아니라 '나' 때문에 취업이 안 되는 것이다. 누구는 친구 때문에 취업을 못 한다고 생각하겠지만, 누군가는 친구 덕분에 취업했다고 생각한다. 나는 '덕분에' 취업했다. 성장에 필요한 위한 진짜 충고를 듣고 싶다면 스터디 활동을 하고, 친목 스터디로 만들어라.

❸ 사람에게 배운다

자소서 첨삭을 하고, 모의 면접을 하다 보면 내가 하지 못했던 생각과 표현을 배울 수 있다. 똑같은 어학연수를 다녀오고, 같은 코스로 배낭여행을 다녀왔어도 각자의 경험은 모두 다르고, 이끌어내는 의미도 다르다. 국토대장정을 했다고 상상해보자. 사람마다 의미가 다르다. 누군가는 조장으로서 리더십과 커뮤니케이션 능력을 강조할 수 있다. 체력이 약했던 사람은 도전과 열정을 이야기할 수 있다. 누군가에게는 성취가 될 수 있다. 각자가 배우고 느끼는 게 다르다. 스터디 내에서 자소서 첨삭을 하다 보면 비슷한 주제로 다양한 의미를 끌어내는 방식을 배울 수 있다. 그리고 그 일화들을 자연스럽게 벤치마킹한다. 면접 준비를 할 때도 대답, 관점, 태도 등 수 많은 장점들을 보고 배운다. 눈으로 직접 보면 머리로 이해하는 게 아니라 마음으로 느끼게 된다. 아무리 책에서 자세의 중요성을 읽는다 하더라도 변화의 필요성을 못 느낄 수 있다. 하지만 자세가 좋은 친구와 그렇지 못한 친구를 나란히 비교해보면 그 차이가 실감난다. 스터디를 처음 시작했을 때는 불완전하고 자신감 없던 친구들이 하루가 다르게 성장하는 모습을 보면, 자극을 받기도 한다. 15명의 장점을 하나씩만

배워도 15개의 장점이 생긴다. 나는 부족하지만, 우리는 탁월하다. 서로의 장점을 주고받으며 성장했기 때문에, 대부분의 친구들이 취업을 할 수 있었다.

❹ 홍수에서 살아남는다

홍수가 나면 온 세상이 물로 가득 찬다. 그런데 정작 마실 물은 없다. 더러운 물은 많으나 마실 수 있는 깨끗한 물은 없어지는 것이다. 홍수로 인한 물 부족 현상은 인터넷에서도 마찬가지다. 각종 사이트와 게시판에 취업과 관련된 정보는 넘쳐나지만, 그 많은 정보를 필터링할 수 있는 시간은 부족하다. 혼자 공부하면, 불안하기 때문에 온라인 정보에 매달리게 된다. 그러다 보면 검증되지 않은 정보의 바다 속에서 허우적댈 때도 있다. 하지만 함께하면 극단적인 정보를 듣고 현혹될 확률이 줄어든다. 만약 스터디 멤버가 10명이라면 10명의 다양한 관점에서 정보를 접하게 된다. 혼자 수집하는 정보보다 훨씬 더 다양하고 의미 있는 정보를 얻을 확률이 크다.

❺ 더 많이 연결된다

취업스터디를 하면서, 정말 좋았던 점은 이미 취업한 선배들을 정말 자주 만날 수 있었다는 것이다. 내가 아는 선배는 많지 않았지만, 15명이 아는 선배의 수는 많은 법이다. 취업 준비를 하면서 각 업권별로, 회사별로 정말 많은 선배를 만날 수 있었다. 그들이 인사팀이

나 면접관은 아닐지라도, 현재 조직의 분위기와 선배들이 좋아하는 후배상은 온라인에 떠도는 정보보다 훨씬 더 정확하게 알려줄 수 있다. 홈페이지에는 창의적인 인재를 원한다고 하지만, 실제 회사에서는 농업적 근면성을 발휘하는 사람이 사랑받는다거나, 자유로운 조직문화라고 했지만 윗사람들만 자유로운 조직문화라는 이야기는 현직자가 아니면 해줄 수 없는 이야기다.

자소서를 쓰거나 대답을 준비할 할 때 정말 많은 도움이 됐다. 무턱대고 창의적이라고 강조하기보다는 성실을 함께 강조한다든가, 내 의견도 중요하지만 선배들의 의견을 먼저 들어보겠다는 이야기를 함께 넣게 된다. 10명만 모이면 못 만나는 회사가 없다. 다양한 현직자의 의견과 웹페이지의 정보가 아닌 현장 정보가 듣고 싶다면 스터디로 함께 준비하는 게 답이다.

취업스터디
성공을 위한 비결

삼성전자, 삼성생명, 동부화재, 동양증권,

우리은행, 신한은행, 국민은행, SC제일은행, 현대증권(2), 현대건설, 롯데건설, 대

신증권

함께 취업 스터디를 한 친구들이 입사한 회사다. 16명 중 14명이
이름을 들어본 회사에 취업했다. 나 말고는 스펙이 좋았던 것 아니냐
고? 나보다 좋은 친구도 있었고, 좋지 않은 친구도 있었다. 스펙은 크
게 의미가 없었다. 어차피 서류통과는 힘들었기 때문이다. 일부 몇
명은 신기할 정도로 서류통과가 잘되기도 했다. 그렇지만 대부분 서
류 통과율이 낮고 면접에 강점을 보였다. 힘겹게 서류만 통과하면 면

접은 대부분 최종까지 올라가는 편이었다.

취업스터디는 7월부터 시작했다. 기말고사 전에 학교에서 업권별로 취업스터디를 모았다. 나는 금융업 스터디에 지원했다. 특정 회사가 아닌 '업'이나 '직무'를 중심으로 취업스터디를 하면 여러 가지 장점이 있다. 먼저 경쟁하기보다 함께 가는 분위기가 조성된다. 만약 기업을 목표로 취업스터디를 짰다고 생각해보자. 모두가 경쟁자가 될 수 있다. 이런 분위기 속에서는 정보 공유나 솔직한 피드백을 못 하는 사람도 분명 있다. 하지만 업이나 직무 중심으로 스터디를 하면 직접 경쟁하는 느낌이 덜하다. 정보를 공유할 때도 마음이 편안하다. 또한 다양한 배경의 친구를 만날 수 있다. 취업하려는 직무나 업이 같을 뿐이지, 전공이 똑같지는 않다. 다양한 전공을 가진, 다양한 관점의 사람들과 스터디를 하다 보면, 책이 아닌 옆에 있는 사람에게 배우는 경우가 많다.

❶ 끼리끼리 모여라

지치지 않고 취업 준비를 하려고 스터디 그룹에 들어간다. 이왕이면 나보다 준비가 잘된 사람들 사이에서 많이 보고 배우면 좋을 것 같다. 같은 학교에 있는 스터디 그룹보다는 인터넷에서 스터디 그룹을 구했다. 활동하는 멤버들을 보니, 학교는 SKY고 어학연수 경험에 다양한 인턴경험까지……. 나보다 준비가 잘된 사람에게 배워야겠다는 생각으로 무리하게 스터디에 가입했다. 원래 스펙이 안 좋아서 떨어지는 것이었지만, 내 구구절절한 스토리를 듣고 가입시켜주었다. 방학 동안 치열하게 스터디했다. 스펙이 좋지 않다고 위축되는 일은 없었다. 스터디 후 뒷풀이를 통해 서로 마음을 터놓으며 조금씩 친구도 되어갔다. 스터디에 들어오길 참 잘했다는 생각이 들 것이다. 공채 시즌이 되고 원서를 넣었다. 나 빼놓고 모든 친구가 면접을 보기 시작한다. 나는 서류 통과도 안 된 상황인데, 최종합격 된 친구도 나온다. 착한 친구는 괜찮다고, 너도 할 수 있다며 용기를 준다. 그래, 기회만 오면 할 수 있다는 생각에 힘을 내본다. 그런데 친구들과 모였을 때, 자꾸 할 말이 줄어든다. 원서 통과한 애들은 면접이야기를, 면접 통과한 애들은 입사 이후를 이야기한다. 난 여전히 자소서 이야기를 한다. 위축되지는 않지만 점차 소외되어 간다.

취업이 언제 될지 아는 사람은 아무도 없다. 빨리 되면 좋겠지만, 장기전이 될 수도 있다. 나를 빼고 다른 이들이 모두 잘난 스터디도 그리 좋은 곳이 아니다. 좋은 스터디가 되려면, '내'가 잘되야 한다. 그리고 '내'가 지치지 않아야 한다. 항상 중요한 것, 판단의 기준이 되는 것은 '나'다. 잘될 것 같은 스터디를 고르는 게 아니라, '내'가 잘될 것 같은 스터디를 구해야 한다.

인력구성은 골고루 있는 게 좋다. 축구는 골을 넣으면 승리하는 게임이다. 하지만 골을 넣으면 된다고 모두 공격수로 팀을 짜면, 그 팀은 망한다. 공격수 역할을 하는 2~3명의 선수, 중간에 허리 역할을 하는 3~4명의 선수, 수비를 하는 3~4명의 선수로 구성되어야 한다. 스터디도 마찬가지다. 스펙이 좋고 정보도 많으면서 친구들을 리드할 수 있는 친구 20퍼센트, 평균적인 스펙을 가진 친구 40퍼센트, 평균 이하의 스펙을 가진 친구 40퍼센트가 모인 게 가장 이상적이다.

이런 스터디를 구성하려면 학교와 취업하고 싶은 산업을 맞추면 된다. 즉, 내가 다니는 학교에서 특정 산업이나 직무를 원하는 사람과 함께 스터디를 구성하면 이런 구성을 어렵지 않게 짤 수 있다. 스펙이 다양할 경우에는 응집력이 떨어질 수도 있으나, 같은 학교에다가 같은 산업을 지향하기 때문에 강한 응집력을 바탕으로 함께 달릴 수 있다.

❷ 엄격한 그라운드 룰

원할한 스터디 운영을 위해 그라운드 룰은 빡빡할수록 좋다. 강제적인 규칙이 없으면 풀어지기 쉽다. 게으름과 방만함은 습관이다. 취업이 코앞에 닥쳐도 게으른 사람은 계속 게으르다. 스터디를 선택하거나 운영방향을 정할 때 가장 신경 써야 할 부분이다. 특히 출결에 신경 써야 한다. 출결이 무너지면 스터디가 무너진다. 우리는 지각과 결석에 엄청난 벌금 폭탄을 매겼다. 특히 지각에 대한 벌금을 강화해야 한다. 지각을 하느니 결석을 한다는 생각이 들 정도로 엄청난 벌금을 부과해야 한다. 아침 9시에 칼같이 시작하는 스터디와 9시부터 참석해서 점심시간까지 모이는 스터디는 집중력이 다를 수밖에 없다. 지각이 빡빡한데 결석에 대한 규정이 헐렁하면 안 오는 사람이 늘어난다. 결국 결석을 할 바에는 스터디를 그만두는 게 낫다는 생각으로 관리해야 한다. (스터디하는 동안 지각과 결석을 상상하지도 못하게 해야 한다.) 내가 참여한 스터디에서는 공식적인 결석은 허용되지 않았다. 오직 직계가족이 상을 당한 경우에만 인정하기로 했다. 친구 대부분이 여름 방학 두 달 동안 결석 없이 스터디에 몰입했다.

중요한 그라운드룰 중 하나는 복장이다. 스터디를 긴장감 있게 운영하고, 모의 면접 때 집중도를 높이기 위해, 스터디 날 복장은 무조건 정장을 입도록 했다. 사람은 옷차림에 따라 행동이 달라진다. 남자들은 생각해보라. 예비군복을 입었을 때 어떻게 행동하는지. 남자들은 모두 정장에 넥타이를 착용해야 했고 여자들도 정장 스타일을 입고 왔다. 스터디를 할 때마다 정장과 구두를 신고 다니다 보면, 면접을 보러 갈 때 정장을 입는 게 어색하지 않다. 평소에 정장을 입지 않다가, 면접날 갑자기 정장을 입으면 굉장히 어색하다. 거울에 비친 내 모습도 어색하고, 행동도 왠지 어색한 사람도 있다.

스터디 내 연애는 굳이 막지는 않았다. 수도원도 아니고, 그걸 막을 이유는 없었다. 사귀면 조용히 축하해주면 된다. 문제는 헤어질 때다. 헤어지면 둘 중에 한 명은 결국 사라지게 된다. 스터디가 100명도 아니고 15명 남짓한 인원인데, 헤어진 상황에서 스터디를 하는 건 굉장히 어색하다. 둘은 괜찮다고 거짓말할지 몰라도 주변에서 불편하다. 가급적 못하게 방해해야 한다.

❸ 멤버 교체는 초기에, 리더는 임기제로 한다

회사도 사람을 뽑을 때, 인턴제를 활용한다. 하루에 채용 여부를 결정하는 것이 아니라 시간을 두고 관찰한 후 최종적으로 판단한다. 스터디를 구성할 때도 초반 2주 정도는 시간을 두고 관찰할 필요가 있다. 이미 친해져버린 후에는 분위기를 해친다는 이유로 퇴출하기 어렵다. 초반 2주 동안 그라운드 룰을 엄격하게 적용해서, 그 기간 안에 3회 지각할 경우에는 스터디에서 퇴출, 2회 연속 결석하는 경우에도 스터디 퇴출 등의 규정을 도입해서 운영하자. 스터디를 시작할 때 집중하지 못하는 사람은 시간이 흐르면 점점 더 심해지는 게 일반적이다.

스터디 리더는 임기제로 한다. 3주 혹은 한 달 동안 번갈아 가면서 리더를 한다. 리더를 교체할 때는 자연스럽게 스터디의 성과와 앞으로의 운영방향을 논의하는 자리를 만든다. 그간 사소한 문제라 생각해서 말하지 않던 문제나, 인간적인 정 때문에 혹은 수고하고 있는 리더에 대한 불만으로 느껴질까 봐 말하지 못하던 사람들도 편하게 의견을 말할 수 있게 한다.

초반에 인적구성이나 운영방향이 세팅된 후에 변화가 없다면, 긴장감이 흐트러질 수 있다. 주기적으로 리더를 교체하고 운영방향을 점검함으로써 끝까지 긴장감과 집중력을 유지해야 한다.

❹ 기간을 정하고, 목적을 명확히 한다

스터디를 시작할 때 기간과 목적을 명확히 해야 한다. 스터디를 처음 시작했을 때나, 면접이 코앞에 닥쳤을 때나 똑같은 방식으로 진행할 수는 없다. 시기에 맞게 목적을 조정해 가면서 운영해야 한다. 방학 때부터 시작한 스터디 장기계획표다.

	시기	활동 내용 및 목적
1기 기초 쌓기	7월 중순 (2주~3주)	취업 준비를 위한 기본기 습득 • 취업을 위한 기본강좌 수강 • 자소서 작성
2기 면접 기본	7월 중순 ~ 8월 첫주 (3주)	기본적인 스피치 능력 향상 • 비언어 커뮤니케이션 능력 향상에 집중 • 대중 앞에서 긴장하지 않고 말하는 연습
3기 면접 심화	8월 2째주~ 8월말	목표 산업 및 기업에 특화된 면접 연습 • 다양한 면접관(현직자, 타 스터디원)을 통한 연습 • 다양한 상황에서 순발력 있게 대답하는 연습
4기 감각 유지	9월 ~ 10월	지원용 자소서 작성 및 피드백 면접 감각 유지

모두가 마음이 맞아서 처음 구성된 멤버가 끝까지 함께한다면 좋을 것이다. 그렇지만 분명히 스터디 분위기와 맞지 않는 사람들이 있

을 것이다. 그들을 무분별하게 내보내고, 새로 멤버를 구성하면 분위기가 어수선해진다. 스터디를 시작할 때, 각 기수 사이에만 멤버의 영입 및 탈퇴가 가능함을 알리자. 특히, 3기와 4기 사이, 그리고 4기 활동 중에는 멤버의 거취를 명확히 해야 한다. 4학년이지만 수업을 많이 들어야 하는 사람도 분명 있다. 나는 4학년 2학기에 21학점을 들었다. 1, 2학년 때 학점이 워낙 안 좋아서 많은 과목을 삭제하고 재수강했다. 그러다 보니 졸업학점이 부족해서 4학년 2학기에 21학점을 수강하고, 겨울방학에는 계절학기까지 들었다. 나 같은 사람이 분명 있을 수 있다. 이들은 정기적으로 스터디에 나오기 힘들다. 3기까지만 하는 게 효과적일 수도 있다. 또, 4기 중간에 이미 취업을 확정지은 사람도 있을 것이다. 합격했지만 아직 취업 준비 중인 친구를 도와주려고 출석한다면 다행이지만, 괜히 분위기만 흐리는 멤버가 될 수도 있다. 이런 친구는 나가는 게 도와주는 거다.

❺ 스터디 오전 일정 : 다양하게 배우고, 자주 말한다

스터디 그룹의 스케줄은 무리한다는 생각이 들 정도로 빡빡했다. 풀타임 스터디라는 말에 어울리게 하루 8시간~ 12시간을 함께 공부했다. 단, 매일같이 모이는 것이 아니라, 월요일, 수요일, 금요일만 모여서 진행했다. 매일 3~4시간 씩 스터디를 하는 것보다 주 3일을 풀타임으로 스터디를 하면 낭비되는 시간이 적다. 만약 매일 스터디를 한다면, 이동하는 시간이 낭비될 뿐만 아니라, 이동 전후에는 마음이 어수선할 수밖에 없다. 주 3일을 온전히 스터디만 하면, 이런 유의 낭비는 없다.

하루 8시간씩 스터디를 하려면 나머지 날에는 8시간을 준비해도 부족했다. 고등학교 때 야간자율학습을 하듯이 스터디를 하고, 공부했다. 월, 수, 금 스터디 하는 날은 크게 오전과 오후로 스터디를 진행했다.

	월	화	수	목	금
오전	10분 스피치 시사이슈공유 전공지식공유	스터디 준비	10분 스피치 시사이슈공유 전공지식공유	스터디 준비	10분 스피치 시사이슈공유 전공지식공유
오후	토론면접 PT면접 다대다 면접 (자소서 첨삭)		토론면접 PT면접 다대다 면접 (자소서 첨삭)		토론면접 PT면접 다대다 면접 (자소서 첨삭)

오전의 스터디는 16명이 3개조로 나눠서 각각 진행했다. 남녀 성비와 전공 비율을 고려해서 조를 편성했다. 우선은 매일 아침 주제를 정해 10분 스피치로 시작했다. 스톱워치로 10분을 쟀다. 9분 30초에서 10분 사이에 마무리하는 것이 목적이었다. 10분이 넘는 경우에는

무조건 중지시켰다. 정해진 시간 내에 서론-본론-결론을 갖춰서 이야기하는 연습은 모든 면접 연습의 시작이다. 처음에는 눈도 마주치지 못하고, 시간이 남거나 넘쳐서 어쩔 줄 몰라 하는 경우가 많았다. 한 달 정도만 지나면 10분 시간을 맞추는 것쯤은 다들 능숙하게 해낸다.

시사이슈공유는 전날 신문 사설을 가지고 진행했다. 각자 중요하다고 생각하는 이슈를 정리해서 발표하는 형식이다. 누가 어떤 이슈를 가지고 발표할지 사전에 결정하는 일은 없었다. 다만, 다양한 관점으로 생각해보고자 발표할 신문을 지정했다. 조선일보, 중앙일보, 한겨레, 한국일보, 매일경제, 한국경제 신문의 사설을 주로 활용했다. 사설을 읽고, 요약한 글을 스터디원의 숫자만큼 준비해왔다. 요약한 내용은 나눠주는 것으로 끝나지 않고 10분 스피치와 비슷하게 발표했다. 평균적으로 발표시간은 5분에서 7분 정도 소요되었다. 발표시간에 제한을 두지 않았고, 자신의 의견을 말하는 것도 허용했다. 다만, 가급적 사설을 쓴 사람의 주장을 충실히 전달하는 데 목적을 두고 진행했다.

사설 발표가 끝나면 전공지식공유 시간이 이어졌다. 면접시험에 출제되었던 주제, 전공 지식 중에서 면접에 유용하게 활용할 수 있는 지식이나 사례, 최근 금융, 경제 이슈 중에서 자신의 전공과 관련 있는 내용을 정리해서 발표했다. 발표자에게는 전공과목을 정리하고 발표하는 기회이며, 비전공자에게는 다양한 전공지식을 배울 수 있는 시간이다. 전공 과외를 받는 느낌이었고, 굉장히 도움이 많이 되는 시간이었다. 부동산 정책에 대해 부동산학과 스터디원의 설명을 듣고, 자본시장 관련 법률의 변화에서는 대해 법학과와 경영학과의 설명을 들을 수 있다. 고객정보와 관련된 이슈와 관련해서는 소비자정보학과 전공자의 의견을 들을 수 있고, 정부의 성과 관리에 대해서는 행정학 전공자가 이야기를 하는 형태였다. 한 이슈에 대해 다른 전공자가 하는 발표를 듣는 것은 굉장히 흥미로웠다.

오전에 스터디를 진행하면, 무조건 세 번은 사람들 앞에서 말하는 연습을 했다. 일주일이면 9회 발표를 하고, 2주면 18회 발표를 했다. 자주 보는 다섯 명 남짓의 스터디원 앞에서 18회 정도 발표를 하면 긴장감이 떨어진다. 스터디의 긴장감을 유지하고, 다양한 관점의 의견과 지식을 습득하기 위해 2주에 한 번씩 조를 바꿨다. 이때도 성비와 전공비율을 고려해서 조를 편성했다.

❻ 스터디 오후 일정 : 면접 연습은 긴장감 유지가 생명이다

오후 면접은 항상 PT면접으로 시작했다. 오전 스터디를 한 장소가 작은 스터디 룸이었다면, 오후에는 규모가 큰 강의실에서 진행했다. 스터디 원을 랜덤하게 A, B, C 세 조로 나눴다. A조는 면접관, B조는 면접자, C조는 참관 및 면접 진행요원 역할을 했다. A조가 강의실 중앙에 면접관으로서 앉아 있고, B조는 강의실 밖 복도에서 대기했다. C조 일부는 면접 진행요원 역할을 했고, 나머지는 면접관 뒤편에 앉거나 서 있었다. 최대한 면접과 동일한 환경과 분위기를 조성하려는 노력이었다. 면접자는 복도에서부터 면접자라는 생각으로 대기했다. 진행요원이 들어오라는 말을 전하면, 문을 열고 면접장 안으로 들어왔다. 강의실 문이 열리는 순간부터, 면접관 앞으로 걸어오는 순간까지 모든 것이 평가 대상이었다. 면접 평가 양식은 B조 면접관과 C조 참관인에게 모두 배포되었다. 단, 질문은 면접관만 할 수 있었다. 참관인은 평가 양식에 채점하고 개인적인 피드백 의견을 적을 수 있지만 질문을 할 수는 없었다. 면접자가 발표를 마무리하면, 면접관은 자유롭게 질문했다. 질의응답까지 모두 마무리가되면 다시 복도 밖으로 퇴장했고, A조는 발표가 끝나면 교실 안으로 함께 들어왔다. A조는 앞에 선 채로 B조와 C조의 피드백을 들었다. 글로 적기 힘든 부분을 말로 해주는 경우도 있었기 때문에, 평가를 글로 적었더라도 모두 한마디씩 말로 피드백 해주는 시간을 가졌다. A조의 발표가 끝나면 B조가 발표를 하고, B조 발표가 끝나면 C조가 면접자 역할을 했다. PT면접의 주제는 스터디원이 번갈아 가면서 선정했다. 주제는 스터디 전날 저녁 6시에서 8시 사이에 문자로 발송했다.

토론 면접은 5대5 혹은 8대8로 진행했다. 주제는 사회자 역할을 맡은 사람이 토론 면접 직전에 칠판에 적는 식이었다. 주제를 미리 알리지 않은 것은 토론 능력을 향상하려는 목적이었다. 만약 주제가 미리 주어진다면, 실제 토론 능력이 향상되기보다 토론 주제와 관련된 자료를 찾는 능력만 좋아질 수 있기 때문이다. 5대5로 진행할 때,

참여하지 않는 사람은 평가를 했다. 8대8의 경우에는 진행자가 모두를 피드백 해줬다. 토론 면접이 종료된 후에는 찬성과 반대로 나뉜 사람들이 서로를 피드백 해주는 시간을 가졌다. 토론 면접은 다른 면접 유형에 비해 금방 익숙해지는 유형이다. 스터디 초반에는 주 3회를 꼭 진행했지만, 한 달 정도 지난 후에는 토론 면접은 주 1회 정도로 축소했다.

다대다 면접은 PT면접과 비슷한 형태로 진행된다. A, B, C조로 나눈 후, A조는 면접자, B조는 면접관, C조는 참관 및 진행요원을 한다. A조는 모두 강의실 밖에서 대기하다가, 진행요원의 안내에 따라 들어와서 면접을 봤다. 사전에 써온 자소서를 바탕으로 질문을 했다. 다섯 명 내외가 들어와서 면접을 보는 시간은 20분 이내였다. 자소서를 읽었는데, 궁금하지 않은 경우에는 상대적으로 질문을 덜 받는 일도 있었다.

오전에 진행되는 스터디는 스피치 연습과 지식공유를 목적으로 했기 때문에, 15명이 조를 바꿔가며 진행했다. 오후에 진행되는 스터디는 실전 연습이었다. 15명 정도가 조를 바꿔가면서 진행해도, 2~3주만 넘어가면 서로 익숙해진다. 자연스럽게 면접의 긴장감이 현저하게 떨어질 수밖에 없었다. 이때는 다른 스터디 그룹과 함께 면접을 진행했다. 사람이 바뀌면 자연스럽게 긴장감이 올라가고, 묘한 경쟁심도 생겨난다. 같은 금융업을 목표로 하는 스터디 그룹과 조인트 면접을 진행하다가, 점차 범위를 확대해갔다. 공기업, 외국계기업, 제조업, 유통업 등 다양한 업권을 목표로 하는 스터디 그룹과 함께 면접을 진행하면서, 스터디의 긴장감도 유지하는 동시에 다양한 시각과 지식도 배워갔다.

취업스터디를 한 지 2개월이 가까워졌을 때는 새로운 면접 형태를 추가했다. 1대15 면접이었다. 조를 나누지도 않고, 혼자 면접을 보고 나머지 모든 이들이 면접관이 되는 형태였다. 혼자 강의실 밖에서 대기하다가 면접을 보려고 들어온다. 이때는 자소서도 없고, 업종이나 회사를 정해 놓지도 않았다. 15명의 면접관이 두서없이 질문을 쏟아냈다. 시사상식을 물어보기도 하고, 전공지식을 물어보기도 하고, 특정 회사의 이슈를 물어보기도 했다. 순발력을 키우는 훈련이었다. 업종이나 회사를 정해 놓으면, 기본적인 질문과 대답을 미리 예측하게 된다. 하지만 업종, 회사를 정해놓지 않은 채로 마구잡이로 물어보면 예측이 아닌, 반응을 하게 된다. 1대15 면접 연습을 하면 면접을 대하는 집중력과 순발력이 매우 높아지는 걸 느낄 수 있다. 그리고 자신감이 생긴다. 조인트 면접을 할 때도 1대15 면접을 진행하면 정말 다양한 질문들이 맥락 없이 터져 나온다. 이 모든 질문에 하나하나 대답하다 보면 어떤 질문이 날아와도, 차분하게 대응할 수 있을 거란 자신감이 쌓인다.

❼ 현장에 답이 있다

Part 2에 나온 제목이 다시 등장했다. Part 2에서 면접 일주일 남은 상황이라면 현장을 방문하라고 권유했다. 실은 일찍 하면 더 좋다. 군이 일주일 남을 때까지 기다렸다가 할 필요는 없다. 미리 현장을 방문하고, 미리 선배를 만난다면 자소서를 쓰고 면접 연습을 할 때부터 원하는 회사에 맞춰 준비할 수 있다.

취업 스터디 기간에 현직자 혹은 취업한 선배를 만날 때는, 만나러 가는 것도 좋고, 초청하는 것도 좋다. 만나러 간다면, 면접을 보고 싶은 회사에 미리 방문해 본다는 장점이 있다. 초청했다면 모의 면접을 부탁하자. 특히 면접 스터디의 긴장감이 떨어졌을 때 긴장감을 다시 찾는 좋은 방법이다. 이제 막 취업한 선배를 초빙할 경우에는 그들의 취업 경험을 공유할 수 있다는 장점이 있다. 가장 최신의 면접 질문을 들을 수 있고, 면접장의 분위기나 주의사항도 생생하게 들을 수 있다. 취업한 지 몇 년 지난 선배로부터는 학생이나 신입사원한테서는 찾아보기 힘든 문제의식과 현장 경험을 공유받을 수 있다. 실제로 일을 하고 있기 때문에 어떤 역량이 중요한지, 어떤 사람들이 환영받는지 들을 수 있다. '바빠서 오기 싫어하면 어쩌지?', '거절할 것 같은데……' 이런 생각은 안 해도 된다. 모의 면접을 봐주는 경험은 선배에게도 도움이 된다. 모의 면접을 하고, 후배를 만나고 오면 동기부여가 되는 경우가 많다. 현재의 지친 '나'가 과거에 내가 그렇게 원하던 모습이었구나란 걸 느낀다. 부담 갖지 말고 선배들에게 도움을 요청하도록 하자.

모의 면접시 진행시 참고 사항

1 프레젠스를 만들자

다시 한 번 말한다. 몸은 말보다 힘이 세다. 모의 면접을 볼 때부터 프레젠스를 만드는 몸짓에 신경 쓰자. 단순히 잘 보이기 위함이 아닌, 최고의 나를 이끌어내기 위해 몸에 집중해보자.

들어올 때 걸음걸이, 앉아 있는 자세, 듣기에 부담스럽지 않은 목소리, 시선처리, 다른 발표자가 이야기할 때의 자세, 선 상태로 발표할 때의 자세, 면접 직전의 자세 등 앞 장에서 이야기한 프레젠스를 만드는 모든 방법을 스터디 활동을 할 때부터 몸에 익혀 보자.

2 영상촬영

일주일에 한 번 정도는 발표 장면을 영상으로 촬영해서 확인해보자. 아무리 친구가 지적해도 내가 본 것처럼 충격적이지는 않다. 손으로 역삼각형을 만들며 발표를 한 적이 있다. 난 그게 강력한 스티플 자세의 변형이라고 생각하며, 스스로 굉장히 멋지다고 생각했다. 동료들이 핸드폰 동영상을 촬영해서 보여줬는데 정말 충격적이었다. 습관적으로 나오던 손모

양이 영상을 보자마자 없어져 버렸다. 백문이 불여일견이다.
꼭 촬영해서 보여주자.

모의 면접 평가 시 체크 사항

〈음성요인〉

1 목소리가 안정되고 떨림이 없는가?

2 발음이 명확한가?

3 말의 속도가 적절한가? 특히 빠르지 않은가?

4 강조하거나 중요한 부분에서 목소리의 크기가 변화하는
가?

5 웅변하듯이 딱딱하지 않고, 대화하듯이 자연스럽게 이야기
하는가?

〈컨텐츠〉

1 첫 인사가 참신한가?

2 체계적으로 이야기하는가?

3 자신의 이야기가 들어가 있는가?

4 주장의 근거가 명확한가?

5 문장이 지나치게 길지 않은가?

6 PT 면접 시 중간중간에 정리하는가?

7 정해진 시간 내에 발표하는가?

〈비언어〉

1 몸에 맞는 옷을 입었는가?

2 액세서리나 화장이 과하지 않은가?

3 지원하는 회사와 옷차림이 어울리는가?

4 몸이 위축되지 않았는가?

5 몸을 자연스럽게 움직이고, 제스처를 사용하는가?

6 얼굴 표정이 내용에 따라 변화하는가?

7 눈 맞춤을 잘하고 있는가?

취업스터디,
이건 준비해 놓자!

방학 동안 취업스터디를 한다면, 단순히 면접 스킬을 익히는 것 외에, 역량을 키울 수 있다. 논리적인 사고력과 체계적인 지식을 갖출 수 있는 기회가 될 수 있다.

❶ 쓰레기는 빨리 만들어야 한다

취업스터디를 시작하고 가장 많이 해야 할 일은 자소서 쓰기다. 산업별 대표기업, 대표 그룹사 등에 지원할 자소서를 미리 써놔야 한다. 방학 시작 시점에 써야 완성도 높은 자소서가 나온다. 어니스트 헤밍웨이는 '모든 초고는 쓰레기다'라고 말했다. 헤밍웨이의 초고가 쓰레기라면, 우리의 초고는 먼지라고 해야 한다. 재활용도 안 되고,

쓸모도 없는 먼지다. 헤밍웨이가 쓰레기라고 표현한 초고가 명작으로 거듭날 수 있었던 것은 '퇴고' 덕분이다. 퇴고를 하면 할수록 글의 완성도는 높아진다. 우리의 먼지 같은 자소서도 마찬가지다. 일찍 쓰고 많이 퇴고해야 완성도가 높아진다. 취업스터디를 시작하자마자 자소서를 쓰기 시작해야 한다. 모집공고가 나온 후에 자소서를 쓰기 시작했다는 것은 쓰레기를 제출하겠다는 의지의 표현이다.

채용공고와 자소서 항목이 안 나왔는데, 어떻게 쓰냐고 생각할 수도 있다. 어차피 기업의 미션이 변하지 않고, 핵심역량이 비슷하다면 구체적인 질문은 달라도 공통적으로 쓸 수 있는 내용이 많다. 괜히 두 번 쓰는 건 아닐까 하고 주저하지 말고 당장 시작하자.

❷ 스토리가 없다면, 장사를 하자

스터디를 시작하자마자 자소서를 썼다면, 나에게 부족한 게 무엇인지 알 수 있다. (스펙이 부족하다며 학원을 찾는 일은 없었으면 좋겠다. 스펙은 부족한 게 아니라 그냥 나한테 없는 걸로 치자.) 자소서를 쓰다 보면 대부분 스토리가 부족하다는 걸 깨닫는다. 취업에 필요하다며 익숙하게 등장하는 역량을 살펴보자.

열정, 도전, 열린 사고, 창의, 혁신, 고객지향, 성취, 의사소통, 문제해결 등등

고등학교 때 성실히 학교생활 해서 대학 오고, 대학교 때는 중간

고사 때 중간고사 보고 방학 때는 친구들 다 가는 여행 간다. 군대 갈 때 되면 군대 가고 필요하다고 하니까 봉사활동 한다. 평범한 일상 중에서 열정과 도전, 열린 사고와 창의 혁신을 찾아내려니 스토리가 부족한 게 정상이다. 군대 경험과 워킹 홀리데이, 국토대장정으로는 어필하기 힘들다. 이제는 히말라야나 극지대를 다녀온 것도 특별한 경험이 아닌 세상이다. 특별하고 주목받을 스토리라고 한다면, 특수부대로 평양을 침투했다든지, 워킹 홀리데이 중에 영국 여왕을 매장 단골로 만들었다거나, 우주선을 타고 달에 다녀올 정도가 돼야 주목받는다. 스토리가 부족하거나, 있어도 평범하다면 특별한 스토리를 만들면 된다. 학기 중에는 힘들겠지만, 방학 중에는 가능하다.

3학년 때 해외 탐방프로그램에 선발되어 2주간 인도를 다녀온 적이 있다. 한국 물건을 팔아 현지 고아원에 기부하는 일정이 있었다. 우리 조는 인도인에게 우리나라의 '3분카레'를 판매했다. 많은 조원들이 반대했지만, 내가 강력하게 주장해서 판매했다. 판매량으로만 본다면 '대실패'였지만, 나에겐 '대성공'이었다. 왜냐하면 그래도 팔았기 때문이다. 나도 영어를 못하고, 인도인도 영어를 못하는 상황이다. 카레의 고향에서 달달한 우리나라의 카레를 '팔았다'는 사실이 나에게는 엄청난 만족감을 주었다. 이 일화는 나의 자소서에 항상 등장하는 '성취'와 '도전' 일화다. 실제 판매를 한 시간은 세 시간이다. 준비는 거의 없었다. 그냥 카레 사자고 의견 내고, 마트 가서 사왔을 뿐이다. 자소서를 피드백하던 친구들은 모두 이 일화를 재미있어 하며,

'벤치마킹'해도 되는지 물어봤다. 안 될 이유가 없었다. 이 일화는 많은 친구가 각자의 방식으로 벤치마킹했다. 이 에피스도를 그대로 가져다 쓴 친구도 있고, 각색해서 쓴 친구도 있다.

취업에 도움이 된다고 하니, 창업을 하는 사람도 있다는데 그것보다는 장사가 스토리로 만들기 쉽고 온갖 역량에 활용하기 쉽다. 딱 세 시간으로 성취 일화가 생겼다. 장사는 적은 시간 내에 가장 확실하게 스토리를 남길 수 있는 수단이다. 혼자하면 용기가 안 나도 다 같이 하면 추억도 되고 재미있다.

장사해서 성공하면 성취가 되고, 실패하면 도전이 된다. 장사를 하는 과정에서는 의사소통과 문제해결이 발생하고, 파는 순간에는 고객을 알아간다. 아이템을 선정하는 기간에는 창의와 열린 사고를 활용하고, 추진하는 과정에는 열정이 강조된다. 없는 스토리를 쥐어짜거나, 자소설을 쓰기보다 친구들과 치밀하게 기획해서 초단기로 장사를 해보는 게 훨씬 낫다. 내가 기획해서 실제로 경험한 장사를 이야기할 때, 나의 표정과 목소리에서는 자신감과 열정이 넘칠 것이다.

취업 스터디를 준비하면서 진지하게 장사를 기획해보자. 각자가 장사를 기획해서 PT를 한다. PT하는 과정도 스터디의 일부로 생각해서, 진지하게 피티하고 질의응답까지 하는 과정을 거친다. 그 후에 최종적으로 세 가지를 선택해서 다함께 기획해서 추진한다. 세 가지 장사 아이템은 각각의 성격을 달리해서 기획한다. 각조가 세 개의 아이템을 매주 토요일마다 판매한다면, 각각 성격이 다른 세 개의 스토리를 만들 수 있다.

가능하다면 내가 지원하고자 하는 회사의 고객군을 대상으로 장사하자. 제약회사를 원한다면 약국이나 의사를 대상으로 영업해보자. 핸드폰을 제조하는 회사에 가고 싶다면 핸드폰 관련 물품을 팔아서, 핸드폰을 꾸미는 데 관심 있는 고객을 직접, 현장에서 만나보자. 만약에 해외영업을 하고 싶다면? 요즘 저가항공으로 알아보면 일본이나 동남아, 중국은 저렴하게 다녀올 수 있다. 직접 보따리장수가 되어서 판매를 해보자. 말도 안 되는 소리 하지 말라고? 면접을 갔는데, 바로 옆자리에 이 글을 읽고 스리랑카에서 새우깡을 팔다가 온 지원자가 있다. 아무것도 안한 당신과 스리랑카에서 새우깡을 팔다 온 사람 중에서 누가 더 궁금증을 유발할까? 궁금한 게 정해져 있으면 대답하기도 쉽다.

스토리가 없다면, 만들면 된다. 게다가 목적을 가지고 기획한다면 훨씬 수월하게 스토리를 만들 수 있다.

❸ 주인의식을 갖지 말고 주인이 되자

사원 시절에 회사가 상장을 했다. 대출을 받아서 한 해 연봉을 뛰어넘는 양의 자사 주식을 샀다. 회사 주식 덕분에 큰 돈 좀 벌고 싶었다. 월급쟁이가 돈을 벌려면, 미상장사에 가서 자사주를 받아야 한다며 좋아했다. 내 주식계좌에 자사주를 확인한 날부터 새로운 습관이 생겼다. 하루에도 몇 번씩 우리 회사의 뉴스와 주가를 확인했다. 회사에 근무한다고 해서, 회사 소식을 잘 아는 것이 아니다. 우리 부서 소식과 내 업무는 잘 알아도 전체 회사 소식은 공지가 뜨기 전까지 모르는 경우도 많다. 하지만 주식을 갖게 된 순간부터는 부지런히 회사 소식을 업데이트 한다. 주인의식을 갖고 일하는 직원이 아니라, 주인이기 때문에 관심이 간다. 내 자산이 묶여 있기에 뉴스를 볼 때도 좀 더 비판적인 관점에서, 회사의 수익이나 매출을 생각하며 보게 된다. 주인의식은 주인이 돼야 생긴다. 주인도 아닌데, 주인의식 가지라는 이야기는 말도 안 되는 소리다. 자식도 없는 데, 부모의 마음이 돼보라는 것과 똑같다.

'농담하나?' 하고 생각하지 말고, 한 주라도 꼭 사보자. 장담한다. 회사에 애정이 아닌 집착이 생긴다. 정말 원하는 회사의 주식을 샀을 때 다음과 같은 변화가 온다.

첫째는 정보와 고민의 깊이가 달라진다. 앞서 이야기했듯이 뉴스를 보는 관점이 달라진다. 또, 등락이 심해지면, 자연스럽게 증권사의 산업, 기업분석 보고서를 보게 된다. 보지 말라고 해도 본다. 억지로 외운 지식이 아니라, 자연스럽게 지식이 쌓인다. 두 번째는 새로운 후크 스토리가 생긴다. 'A사의 주인이 되기 위해 주식투자를 했고, 약간의 이익 혹은 약간의 손해를 보았습니다'라고 이야기하면, 대부분은 물어보고 싶어진다. '얼마나 벌었어요(잃었어요)?' 이때 '백만 원 벌었어요'라고 할 텐가? 앞장을 꼼꼼하게 읽었다면 그렇게 대답하지 않을 거라 생각한다. "A프로젝트의 수주가 발표되기 전에 매입을 해서, 100만 원을 벌었습니다. A프로젝트는 전부터 관심을 갖던 영역이기에 수주만 하면 회사주가에도 영향을 미칠 수 있다고 생각합니다"라고 이야기하자. 즉, 내 장점이나 경험에 회사의 사건과 주가를 자연스럽게 연결시킨다.

세 번째는 정말 소소한 장점이다. '나는 주인이다'라고 이야기할 수 있다. 사정이 허락하는 한도 내에서 주식을 사고, 지속적으로 매입해보자. 주식 평잔이 백만 원 단위가 넘어간다면 면접에서도 '나는 주인의식을 갖고 일하는 것이 아니라, 주인으로서 일하겠다'고 당당히 말할 수 있다.

❹ 서울의 바퀴벌레 수를 계산해보자

'서울의 바퀴벌레 수는 몇 마리일까?'
'시카고의 피아노 조율사는 몇 명일까?'
'역삼역의 탑승객은 하루에 몇 명일까?'

이런 종류의 황당해 보이는 질문에 대한 이야기를 들어본 적이 있을 것이다. 이런 문제는 어떻게 풀어야 할까? 정답이 있긴 한 걸까? 가장 유명한 문제를 한 번 내보겠다.

'20명이 초밥을 먹었다. 음식 값은 얼마나 나오겠는가?'

100만 원? 200만 원? 50만 원? 초등학생 20명과 운동선수 20명의 먹는 양이 다른데, 그걸 어떻게 비교할 수 있을까? 그걸 어떻게 아냐고? 당연히 정확히 모른다. 이런 질문은 정답을 원하는 것이 아니라 납득 가능한 답을 원하는 것이다. 답을 도출하는 과정이 얼마나 논리적인가에 따라 대답을 잘했는지 못했는지가 구별된다.

위 문제는 MBC 〈무한도전〉의 '정총무가 쏜다' 코너에 나왔던 내용이다. 문제의 답을 정준하가 맞히면 나머지 멤버가 음식값을 내고, 정준하가 틀리면, 음식값을 모두 내는 게임을 했다. 유재석은 180만 원이라고 대답했고, 정준하는 90만 원이라고 대답했다. 평소 바보 캐릭터를 가지고 있던 정준하는 멤버들에게 놀림을 당했다. 그런데 정답은 87만 원이었다. 모두가 놀란 가운데, 정준하는 자신이 계산한 로직을 설명한다.

"음식 값을 추정하려면 먹은 접시 수에 접시당 평균 가격을 곱하면 됩니다. 계속해서 접시 수 추정은 사람 수에 사람당 먹은 수를 곱하면 되죠. 총 사람 수는 20명이고 사람당 평균 10개를 먹었습니다. 따라서 먹은 접시 수는 200개 정도 됩니다. 접시당 평균 가격은 메뉴판에 있는 최고 가격과 최저 가격으로 평균 가격을 구하니 4500원입니다. 200개 곱하기 4500원이니깐 90만 원입니다."

납득 가능한 답을 넘어 거의 정답을 말했다. 정준하가 사용한 방법은 '페르미의 정리'다. 노벨상 수상자인 페르미는 이 추정 논법을 사용해서, 쉽게 계산하기 어려운 어림수를 산출했다. 페르미 교수는 이 방법을 활용해서 학생들의 사고력을 키웠다. 그래서인지 페르미 교수의 제자 중에서 노벨상을 받은 사람이 꽤 많이 나왔다. 페르미의 추정 논법을 통해 우리는 두 가지 능력을 증명할 수 있다. 첫째는 얼마나 체계적으로 추정하는 사고 능력이 있는지 알 수 있다. 두 번째는 조리 있게 설명하는 커뮤니케이션 능력을 증명할 수 있다.

예를 들어보자. '서울시의 적정 편의점 수는 몇 개 일까?' 답을 이야기할 때, 가장 먼저 해야 할 일은 모호한 표현을 정의하는 것이다. 이 문제에서는 우선 '적정'이라는 말의 의미를 생각해야 한다. '적정'의 기준을 편의점을 운영하는 회사의 관점, 고객의 관점, 편의점을 소유한 사장님의 관점 등으로 다양하게 정의할 수 있다. 일단, 여기에서 '적정'은 편의점 사장의 관점에서 정의하자. 편의점 사장님이 '생활'이 가능한 수입으로 정의해보자. 편의점 수를 구하려면 월간 편의점 총매출에서 편의점당 매출액을 나눈다. 월간 편의점 매출액을 알 수 있는 방법은? 월간 편의점 총 이용횟수에서 1회당 사용액을 곱한다. 이용횟수는 서울시 인구와 이용비율, 1인당 이용 횟수 등을 이용하는 것이다. 중요한 것은 과정이고 설명이다. 편의점당 매출액이나 월간 편의점 이용회수와 같이 문제를 푸는 데 필요한 수치들은 어떻게 구해야 할까? 당연히 모든 수치를 외우고 다니는 사람은 없다. 필요한 통계와 숫자는 상식적으로 추측하거나, 경험적인 수치를 사용한다. 면접관의 전문영역이 아닌 이상 세세한 통계와 숫자를 아는 사람도 없고, 그 숫자가 터무니없지 않는 한 딴죽을 걸지 않는다.

MECE

페르미의 추정에서 중요한 것은 과정이다. 과정을 검증할 때, 기본은 경우의 수를 빼놓지 않았느냐다. 사람을 분류할 때, 남성과 여성으로 분류한다면 모두를 중복 없이 분류한 것이다. 남성과 어린이로 분류한다면, 여성은 누락되어 있고, 남성에는 남자 어린이가 포함되어 있기 때문에 중복이 발생했다. 이렇게 중복이 발생하거나, 누락이 발생하는 것을 막기 위해서는 미시(MECE)적으로 사고하는 습관이 필요하다. 상호간에는 독립적이고 중복이 없어야 하고(Mutually Exclusive) 전체적으로 모든 것을 포함하고 누락이 없어야 한다(Collectively Exhaustive)는 의미다. 빼먹지도 않고, 중복되지도 않아야 한다.

남성과 여성과는 달리 MECE적인지 아닌지 판단하기 애매할 때가 있다. 이때는 아래 개념에 따라 생각한다면 미시적으로 생각하는 데 도움이 된다.

첫째는 경영적인 툴이다.

사업을 분석할 때 사용하는 3C, 마케팅에서 사용하는 4P, 제조에서 사용하는 4M이 주로 사용된다.

둘째는 반대개념이다.

질과 양, 매크로와 마이크로, 하드웨어와 소프트웨어, 장점과 단점, 내부와 외부의 구성으로 나눈다.

셋째는 구성요소나 순서로 배치한다.

도형을 구성하는 요소는 점, 선, 면이고 방향은 동, 서, 남, 북, 일하는 순서는 Plan Do See, 회사는 R&D, 구매, 제조, 판매순으로 나눌 수 있다. 면접에서는 못하는 것을 실험하기보다 잘하는 걸 더 잘하는 게 중요하다. 미시적 사고를 활용한 페르미의 추정을 활용하려면 면접 스터디를 할 때부터 연습하도록 하자.

❺ 전공과 직무를 한 줄로 표현하자

업무를 하다 보면, 많은 판단을 해야 한다. 이때 나만의 가치와 관점이 있느냐 없느냐가 굉장히 중요하다. 나만의 가치가 있는 사람은 기준이 있기 때문에 흔들리지 않고 새로운 상황에서도 판단할 수 있다. 가령, '서비스는 고객만족의 수단이 아닌 가치 전달의 도구다'라는 것이 내가 일을 할 때 추구하려는 가치라면 고객사와 미팅을 할 때도 방향성을 가지고 이야기하게 된다. 강의할 때도 전달해야 하는 가치가 확실하다 보니, 새로운 컨텐츠를 만드는 게 어렵지 않다. 기본적인 비즈니스 매너, 커뮤니케이션, 고객접점분석 등 형태는 달라져도 전달하는 본질이 같기 때문이다.

대학 시절 배운 전공이나 내가 희망하는 직무를 통해 가치를 정리하고 있다면, 전공과 직무에 대한 대부분의 질문을 나의 가치를 바탕으로 자신 있게 말할 수 있다.

경영은 이익을 내는 것이 목적이 아니라, 브랜드 가치를 올리는 게 목적이다.
금융업은 상품을 판매하는 게 아니라 신뢰를 판매하는 산업이다.

위와 같은 형태로 정리했다면, 정보를 묻는 질문이 아니라, 일을 대하는 태도를 묻는 질문에는 나만의 가치를 근거로 삼아 자신 있게 대답하게 된다. 한 줄로 정리하려면 많이 읽고 많이 써봐야 한다. 한 분야의 책을 집중적으로 읽다 보면 자연스럽게 비교하게 된다. A저자의 생각과 B저자의 생각을 비교하게 되고, 비교에서 차이를 발견한다. 생각의 차이를 발견하는 지점에서 내 생각이 태어난다.

PART 5

취업을 대하는
저스펙자의 마인드

STORY

1장.
감정을
섞지 말자

기대도 없고,
실망도 없다

2015~2016년 잉글랜드 프리미어 리그 우승은 레스터시티가 차지했다. 아무도 예상하지 못한 결과였다. 전 시즌에는 2부 리그로 강등까 봐 걱정하던 팀이 우승을 할 거라고 기대한 사람은 아무도 없었다. 감독, 선수, 구단주 모두 상상하지 못했다. 레스터시티의 우승배당률이 5000대1이라는 보도를 보면, 이 팀에 대한 기대를 알 수 있다. 레스터시티는 불리한 경기를 할 때는 볼을 소유할 기회도 많지 않았고, 경기시간 대부분을 수비를 하면서 보냈다. 대신 기회를 잡았을 때 놓치지 않았다. 적은 기회를 득점으로 연결하는 능력이 탁월했다. 승리하기 위해 항상 공을 많이 소유할 필요는 없다. 실점을 하지 않고, 어렵게 찾아온 기회를 잡으면 승

리할 수 있다. 1대0이나, 3대0이나 어차피 승점 3점이다. 레스터시티는 이번 시즌 1대0 승리가 가장 많은 팀이었다. 실수 없이 버티다가 한 골로 승리했다. 일방적으로 두들겨 맞는다는 느낌이 들 정도로 수비만 했다. 아니 실점하지 않고 버텨냈다. 버티고 버티다가 한 번의 기회를 놓치지 않는다. 우리 같은 저스펙자들은 레스터시티 같은 자세가 필요하다. 우연히 찾아온 기회를 필연으로 만들 수 있는 집요함이 필요하다.

내가 참여한 취업스터디도 레스터시티와 비슷했다. 처음부터 스펙이 좋은 사람이 없었다. (돌이켜보면 취업을 준비하는 단계에서는 모두가 스펙이 부족하다고 생각한다.) 스펙이 나쁜 사람은 기대 없이 서류에 떨어지고, 스펙이 좋은 사람은 기대감 속에서 서류에 탈락했다. 레스터시티가 일방적으로 몰리다가 한 번의 기회를 잡으면 골을 넣은 것처럼 계속된 탈락 속에서 한 번 기회를 잡아 최종 합격으로 연결된 경우가 대부분이었다.

경기 내내 수비만 하던 레스터시티처럼 다들 어쩌다 주어진 기회를 놓치지 않았다. 일단 서류만 합격하면 대부분은 최종면접까지 올라갔고, 그중에서 한 군데는 최종합격을 했다. 저스펙자가 합격하려면 불합격의 시간을 견뎌야 한다. 생각보다 마음이 어렵다. 정말 괴롭다. 특히 남들은 하나둘씩 면접을 보러 가는데 나는 계속 탈락만한다. 내가 그동안 잘못 살았나 하는 회한까지 들 수 있다. 힘들지만 포기하지 않으면 기회는 온다.

대학교 4학년 때, 나는 트리플 크라운으로 불렸다. 나이 많고, 학점과 토익이 낮고, 자격증이 없어서 생긴 별명이다. 적지 않은 나이에 대학을 다시 가겠다며 수능도 보고 도움도 되지 않은 인턴을 하며 시간을 허비한 탓이다. 생각해보니 4학년 1학기를 시작할 때에는 580점이었고, 유명 토익강사의 토익문제풀이 강의를 듣고 나서 780점을 겨우 맞았다. 취업준비를 하는 사람이라면 혀를 찰 점수지만 난 환호했다. 여름방학이 다가오자 자격증이 하나도 없는 게 좀 부끄러워서 급하게 한자 2급 자격증을 땄다. 스물아홉 살의 나이에 3.5의 학점, 토익 780점, 한자 2급 자격증을 가지고 취업시장에 뛰어들었다. 이런 스펙을 가지고 취업시장에서 살아남는 방법은 무엇일까? '끝내주는 자소설 실력과 환상적인 스토리텔링이 필요하다'고 이야기하고 싶지만, 그런 전설적인 이야기를 남기지는 못했다. 그냥 남들과 비슷하게 끝없는 탈락의 연속만 경험했다.

스펙이 안 좋으니 불합격을 당연하게 생각했다. 계속 날아오는 불합격 소식에도 불구하고 성실하게 입사 지원을 했다. 떨어지는 건 당연하다고 생각하며 실망하지 않고, 농업적 근면성을 발휘하면서 부지런히 지원했다. 셀 수도 없이 많은 회사에 지원했고 서류는 두 개 합격했다. 내가 가고 싶어 하던 보험사였다. 가고 싶던 산업군이었기에 최적화된 면접 준비를 했으니, 약간 자신은 있었다. 두 군데 모두 최종면접을 봤다. 한 군데는 떨어지고, 나머지 한 군데, 삼성생명에 합격했다.

모든 축구팀이 FC바르셀로나나 레알 마드리드처럼 경기를 지배하며 승리를 쟁취할 수는 없다. 아마 레스터시티가 FC바르셀로나랑 경기를 한다고 해도 계속 수비만 할 것이다. 수비만 하겠지만, 한 번의 기회를 노릴 것이다. 우리에게 필요한 건 기대하지도 않고 실망하지도 않고 묵묵하게 버티는 마음이다. 당연한 이야기를 이렇게 길게 쓰는 이유는? 정말 준비하다가 용기가 꺾이고 포기하고 싶은 마음이 들 때가 많기 때문이다. 포기하고 싶은 마음, '나는 안 돼'라는 마음이 드는 순간이 지는 순간이다. 그런 생각이 들 때 취업 준비를 소홀히 하고, 지원서를 내는 일도 게을리 한다. 최선을 다하지 않은 상황에서 우연히 기회가 찾아오면, 그 기회를 낭비할 수밖에 없다. 아니면, 기회가 온지도 모르고 사라질지도 모를 일이다. 『슬램덩크』의 안 선생님 말씀을 기억하자. 포기하는 순간이 경기가 끝나는 순간이다. 포기하고 싶은 마음이 들고 나는 안 된다는 부정적인 마음이 들면 치열함이 점차 사라진다. 치열함이 없는 준비로 최종 합격을 할 생각을 한다면 그건 정말 사기꾼이다. 남이 스펙 쌓을 동안 놀았거나 딴 짓을 했다면, 최소한 이 순간만이라도 치열해야 한다.

묻지 마 지원이
필요하다

뉴스에서 5년 동안 취업을 못해서 답답함을 호소하는 취준생의 인터뷰를 본 적 있다. 그 취준생은 5년 동안 100개 회사에서 떨어졌다고 한다. 공채시즌은 일 년에 두 번 있다. 상반기와 하반기. 5년이면 10번의 공채시즌을 지나온 것이다. 100개의 회사에 떨어졌다고 하면, 한 번 채용시즌에 10곳 남짓 지원한 셈이다. 채용시즌에 고작 10곳을 지원한 사람이 취업이 안 된다는 말을 해서는 안 된다. 원하는 회사에 못 들어갔다고 말해야 한다. 나는 두 달 동안 50곳을 지원했다. 실제로는 초반 40일 정도에 몰아서 지원하고 나머지 20일 동안은 거의 지원하지 않았다. 최종 면접까지 올라간 상황에서는 다른 회사에 지원하는 게 힘들었다. 그런 나도 성실하게 지원한 편은 아니다. 당시 우리 과에서 제일 많이 지원한 사람은 3개월 동안 200개를 지원한 후배였다. 다들 깜짝 놀랐다. 다들 믿을 수 없다는 표정이었다. 지원할 회사가 200개나 있다는 것도 놀랍고, 지치지 않고 계속해서 지원한 후배도 놀라웠다. 서류 통과비율은 10퍼센트 정도였다고 한다. 서류가 통과된 20개 회사 중에서 인적성/필기시험 통과는 10개, 최종 면접에 올라간 회사는 5개, 최종 합격은 2개였다. 2개 중에 중견건설사를 최종 선택했다고 한다. 서류 통과율이 10퍼센트라고 생각하면, 나쁘지 않다. 하지만 서류탈락이 180개라고 생각하면? 200개까지 지원한 걸 보면, 초반에 많은 탈락이 있었을 것이다. 100개의 회사에 지원을 하면서 한 개도 합격을 못했을 수 있고, 극단적으로 180개 연속탈락을 하다가 막판 20개를 합격했을 수도 있다. 180개의 탈락 통보를 받는 동안에도 지치지 않고 지원한 후배가 존경스러웠다. 내가 합격률이 낮다면 모수를 넓혀서 극복해야 한다.

설마 내가 정말 원하는 회사와 직무를 찾아서 전략적으로 지원할 생각을 한 건가? 아닐 것이라 믿는다.

스펙이 안 좋은 우리는 무조건 묻지 마 지원을 해야 한다. 내가 가고 싶은 기업, 하고 싶은 일과 상관없이 눈에 띄는 대로 모두 지원해야 한다. 실제로 원하지 않는 회사에 최종합격할 수도 있다. 그 회사를 갈지 안 갈지는 합격하고 나서 고민하면 된다.

묻지 마 지원을 하면서 자소서도 한 번 더 고민해보고, 가장 훌륭한 면접연습인 실제 면접도 경험해봐야 한다. 삼성생명에 입사하려고 면접을 볼 때 가장 도움이 된 경험은, 인턴이나 동아리 활동이 아니다. 타보험사 FC면접이었다. 그때는 너무 묻지도 따지지도 않고 지원해서, 정직원을 뽑는지 FC를 뽑는지 확인도 안 했다. 면접장에 가서 직원이 아닌 FC를 뽑는 면접임을 알고, 당황하긴 했지만, 그 경험이 내가 가장 원하는 회사에 입사하는 최고의 무기가 됐다.

묻지 마 지원을 해서 합격한 회사에 근무할 수도 있다. 그 회사가 나에게 맞는 최고의 회사가 될지 최악의 회사가 될지는 아무도 모른다. 큰 고민 없이 시작한 일에서 가치를 찾는 경우도 많다. 이 일이 나에게 맞는지 아닌지, 가치를 실현할 수 있는 일인지 생계를 위한 일밖에 안 되는지는 직접 해보기 전까지는 아무도 모른다.

사실에 감정을 섞지 말자

휴학을 하고, 수능을 본 적이 있다. 눈을 의심할 수도 있지만, 제대로 읽은 것이 맞다. 주로 19세의 고3과 20세의 재수생이 본다는 대학수학능력평가 시험을 20대 중반인 내가 봤다. 과를 바꿔서 의대를 가기 위함이었다. 공익근무를 하면서 틈틈이 공부를 했고, 수능도 봤는데 점수가 나쁘지 않았다. 본격적으로 하면 당연히 고3 때보다 잘 볼 수 있을 것 같았다. 그때보다 훨씬 더 넓은 시야와 경험을 지녔고, 그때보다 더한 근성이 있었으니 실패할 거라고는 상상도 하지 않았다. 나름 치밀한 전략을 세우고 강철 같은 체력을 앞세워, 정말 열심히 했다. 그런데 정말 성적이 너무 안 올랐다. 모든 것을 쏟아부었는데도 불구하고 성적이 안 올랐다. 처음에는 초조해하지 않았으나 시험이 다가올수록 초조함과 불안감이 뭉게뭉게 피어올랐다. 하지만 흔들리지 않고 정말 열심히 했다. 그리고 장렬하게 패배했다. 모든 것을 쏟아부었고 완벽하게 실패했다. 열심히 하는 것과 잘하는 것은 다르다는 것을 느낀 첫 번째 경험이었다.

남들 가는 어학연수를 가거나, 공무원 시험을 보거나, 하다못해 영어학원만 1년을 다니며 아르바이트 했더라도 영어점수와 경험은 남았을 것이다. 그런데 그냥 망했다. 아무것도 없이 그냥 망해버렸다. 마음은 어렵고, 할 일은 없어서 도서관을 다니며 소설책을 읽다가 우연히 김훈 선생님의 『칼의 노래』를 손에 들었다. 처음으로 문장의 아름다움을 느끼며 읽기 시작했다. 칼의 노래에서 나온 이순신은 철저하게 외로웠다. 성웅 이순신이 아닌 인간 이순신을 생각해보자. 남들이 시키지도 않은 일을 하며 성실히 살았다. 만들라고 하지도 않은 거북선을 만들었으며, 부지런히 순시를 다니고 부하들의 훈련 상태를 점검했다. 임금은 북쪽으로 도망가는 상황에서 혼자 남쪽 바다를 지켰다. 그리고 그 공으로 인해 죽을 뻔했다. 다시 전선으로 복귀한 그에게 남은 것은 12척의 배였고, 그가 상대할 배는 130여 척이었다. 김훈 선생님은 그를 승리로 이끈 힘은 12척의 배가 아니라 '통제된 내면의 힘'이라고 했다. 머리로는 이해가 되는 데 마음으로는 공감이 가지 않는 문장이었다. 퇴로가 없는 이순신 장군의 상황이 마치 나의 상황처럼 느껴졌다. 지금 생각하면 약간 웃기지만 그때는 정말 그런 기분이었다. 단군 이래 최악의 취업난 이라는 데(생각해보면 단군 이래 최대의 취업난이 아닌 적은 없었던 던 것 같다) 나는 시간을 버렸다. 남들보다 한참을 뒤쳐졌다. 나는 재수를 했고, 군대 가기 전에도 휴학을 했고, 다녀와서도 시간을 버렸다. 나이는 먹었는데 아무것도 한 것이 없는 것이 바로 나였다. 앞뒤가 꽉 막힌 듯한 상황이었다. 한양에는 자신을 죽이고 싶은 왕이 있고, 눈앞에도 자신을 죽이고 싶어하는 왜군들로 가득 찬 이순신 장군의 상황이 마음에 확 와 닿았다. 그런데 아무리 읽어도 통제된 내면의 힘이 느껴지지 않았다. 사실을 사실로 받아들이는 태도구나라고 머리로는 이해가 되는데, 마음으로 느껴지지 않으니 답답했다. 나는 김훈 선생님이 말한 통제된 내면의 힘을 꼭 느끼고 싶었다. 앞뒤가 꽉 막힌 것처럼 느낀 상황에서 그 힘을 조금이라도 느낄 수 있다면, 아니 볼 수 있다면 우울한 조건에서 시작할 취업 준비에 큰 힘이 될 것 같았다. 잃어버린 시간에 대한 헛헛한 마음을 약간은 채우길 바라는 마음에 『칼의 노래』에서 힘을 엿보고 싶었다.

김훈 선생님이 말한 통제된 내면의 힘을 내가 가지지 못하겠지만, 그 힘이 무엇인지 정확히 알 수 있다면, 아니 잠시 느껴 볼 수만 있어도 현재 나의 답답한 상황을 극복하는 데 큰 도움이 될 것 같았다. 그때가 12월이었을 것이다. 복학하기까지 약 3개월 남았으니 시간은 참 많았다. 『칼의 노래』를 다시 펴들고 읽고 또 읽었다. 통제된 내면의 힘을 느껴보려고 말이다.

한 번 읽고 두 번 읽고, 다시 또 읽고……. 열 번 정도 읽었을 때 나는 깨달았다. 내가 머리가 정말 나쁘다는 것을 말이다. 통제된 내면의 힘이 일반적인 평정심 정도로밖에 안 느껴졌다. 왠지 조금만 더 읽으면 느낄 수 있을 것 같았다. 다시 열 번 정도를 읽었다. 20번 정도 읽자 드디어 깨달았다.

'아…… 나는 정말 머리가 나쁘구나.'

여전히 평정심으로만 느껴졌다. 내 머리에 좌절했지만 다행스러운 것이 한 가지 있었다. 백수에 가까운 상황이기 때문에 안 좋은 머리를 극복할 수 있는 시간이 있었다. 나는 다시 끈기를 가지고 10번 정도를 더 읽었다. 30번 정도 같은 책을 연속해서 읽게 되면, 내가 이 책을 읽는 것인지 암송을 하는 것인지 구분이 안 되는 상황에 도달한다.

그런데 놀랍게도 30번 정도 읽으니, 깨달음이 오긴 왔다. 문제는 '통제된 내면의 힘'을 마음으로 느낄 수 있는 마법 같은 순간이 찾아온 것이 아니라, 내가 이 머리로 공부를 해서 실패했구나 하는 것을 깨닫는 순간이 왔다. 이 정도 읽었는데 모른다면, 방법이 잘못되었다는 생각이 들었다. 도서 검색대로 가서 이순신과 관련된 소설을 모두 읽었다. 정말 많이 읽은 듯하다. 하도 읽다 보니 이제 이순신이 만화방 아저씨처럼 친숙하게 느껴질 지경이었다. 작가마다 다른 이순신을 그리고 있다는 것이 참 재미있었다. 그 중에서도 김탁환 선생님의 『불멸의 이순신』은 무협지를 읽는 듯한 느낌으로 신나게 읽었다. 한참을 다른 소설을 읽으며 시간을 보내다 다시 『칼의 노래』로 되돌아왔다. 그리고 다시 읽기 시작했다. 열 번 정도를 더 읽은 듯했다. 읽고 나서 실성한 무협지의 주인공처럼 광천대소를 했던 것 같다.

깨닫거나 느껴서가 아니라 여전히 아무것도 느껴지거나 알지 못해서, 그래서 어이가 없어서 말이다.

소설을 읽었는 데도 진전이 없으니, 이젠 학문적으로 접근해야 한다는 생각에 도서관에 있는 수많은 이순신 관련 논문과 김훈 선생님의 인터뷰와 평론을 집요하게 읽기 시작했다.

이순신 관련해서 책도 쓸 수 있을 것 같았다. 그렇지만 나의 목적은 단 하나 '통제된 내면의 힘'을 느껴보겠다는 것뿐이었다. 논문과 각종 기사를 섭렵한 후 다시 비장한 마음으로 『칼의 노래』를 폈다. 명량 앞에서 일자진을 편 듯한 비장함이었다. 이번에 느끼지 못하면 내 머리는 액세서리고 나의 심장은 전동모터에 불과한 것이다. 이미 40번가량 읽은 책. 암송하는지 읽는지, 알지도 못하는 느낌으로 열 번을 더 읽었다.

"하~."

욕이 나왔다. 정말 어이없었다. 두 달을 매달렸는데 인터뷰에서 나온 단 한 문장을 이해하지도, 느껴보지도 못했다니 말이다. "아~ 몰라 때려치워"라고 말하는 순간……. 어이없는 사실이 한 가지 떠올랐다. 이순신에 대해서 느껴본다면서 정작 이순신이 직접 쓴 글을 한 번도 읽지 않은 것이다. 누구 이야기대로 달을 가리키고 있는 손가락만 열심히 보고 달은 보지 않은 격이었다. 『난중일기』를 폈다. 그런데 큰 기대는 안 했다. 짧은 기간에 『칼의 노래』를 무려 50번 정도 읽고, 도서관에 있는 이순신과 관련된 대부분의 책(소설, 평론, 역사서 등)을 읽고, 그것도 모자라 논문까지 읽었는데도 이해하고 느끼지 못한 내가 뭘 깨닫겠느냐는 생각이 들었다. 다만 그렇게 읽었는데 정작 이순신 자신의 목소리를 듣지 못한 게 어이없고, 이래서 공부를 못하는구나 하는 생각을 했을 뿐이다. 그날 『난중일기』를 매우 천천히 읽기 시작했다. 김훈 선생님의 이야기처럼 무인답게 담담했고 사실만 전달하는 듯한 느낌이었다. 이 사람은 일기를 뭐 이렇게 쓰나 하는 생각까지 들었다. 이순신을 스토킹하는 심정으로 느리지만 진중하게 그의 글을 읽던 나는 1597년 4월 1일 일기에 도달했다.

모함과 고문을 당한 뒤, 죽을 고비를 넘기고 겨우 목숨을 부지해서 감옥에서 나온 날이었다. 그날도 징그럽게 일기를 썼다.

"맑다. 옥문을 나왔다."

"아……."

그때 욕을 하지는 않았지만 정말 내 심정이 딱 저랬다. 마음 깊은 곳에서 뜨거운 것이 울컥 나왔다. 울 뻔했다. 정말 눈시울이 뜨거워졌다. 이 남자, 정말 외롭고 힘든데 겨우겨우 버티던 남자였구나. 동인에게는 훌륭한 장수가 목숨을 구한 다행스러운 날이고, 선조에게는 자신을 능멸한 장수를 어쩔 수 없이 풀어준 아쉬운 날이고, 서인에게는 반대파의 중요한 무장이 풀려난 힘 빠지는 날이었을 것이다. 조선 백성에게는 영웅이 풀려난 기쁜 날이고, 왜군에게는 죽음의 신이 살아 돌아온 괴로운 날이었을 것이다. 그런데 바로 그날……. 그를 제외한 모든 사람이 그가 풀려난 소식을 듣고 희비가 엇갈린 바로 그날에 정작 본인은 '맑다. 옥문을 나왔다'라고밖에 쓸 수 없었다.

울음을 겨우 참았다. 내면을 통제할 수밖에 없던 그의 감정이 무섭게 나를 짓누르는 기분이었다. 진군하라는 왕의 압박을 견디며, 견내량을 틀어막고, 130여 척 적선 앞에서 13척으로 일자진을 펼치던 그의 마음이 이 한 문장에 담겨 있었다.

그는 '맑다 옥문을 나왔다'라는 한 문장으로 지옥 같은 전쟁과 더 전쟁 같은 정치 상황을 버티어낸 것 같았다. '맑다, 옥문을 나왔다'라는 한 문장에 7년 전쟁을 버틸 수 있는 힘과 외로움이 함께 담겨 있었다. 김훈 선생님이 스무 살에 도서관에서 『난중일기』를 읽고 울었다는 이야기가 이해되었다. 두 달 동안 한 문장을 느끼기 위한 나의 사투는 끝이 났고, 나는 통제된 내면의 힘을 느껴볼 수 있었다. 글로 풀어쓴다면 "사실에 감정을 섞지 않고, 사실을 사실로만 인식한다"라고 할 수 있다. 어차피 머리로는 이해한 문장이었으니, 한 줄의 문장이 머리에서 가슴으로 오는 데 세 달이 걸린 셈이다. 세 달의 노력 끝에 얻은 "맑다. 옥문을 나왔다"라는 『난중일기』의 한 문장은 스물여덟 살 늦은 복학생에게 한 자루의 칼이 되었다.

모든 부정적인 감정을 이 문장이 베어나갔다. 감정을 베어내면 본질이 보인다. 본질이 보이면, 할 일도 명확하게 보인다. 감정의 늪에서 허우적거리는 일 없이, 해야 할 일에 쉽게 집중할 수 있었다.

늦은 복학 때문에 마음이 어려워진 학교생활, 취업의 어려움 등을 그냥 사실로만 볼 수 있었다. 난 그냥 지원했는데 조건이 안 맞아서 다음 단계로 못 갔을 뿐이다. 나랑 맞지 않았다는 사실에 괜히 슬퍼할 이유도 없었다. 인간이기 때문에 잠시 실망스러워 하긴 했지만, 그렇게 긴 시간 동안 우울해하거나 힘들어하지 않았다. 서류전형 탈락은 다른 기업에도 계속 지원해야 한다는 사실을 말해주는 통보였을 뿐이었다. 그들이 나에게 감정이 없는 것처럼 나 역시 그 회사에 감정을 품을 이유가 없다. 말처럼 쉬운 일은 아니다. 완벽하게 흔들리지 않는다는 것은 불가능하다. 그렇지만 노력하면 흔들리지 않을 수 있다. 굳이 통제된 내면의 힘이라는 상태에 도달할 필요가 있느냐고 반문할 수도 있겠지만, 우리는 많은 서류 탈락이 예상되는 저스펙자다. 성공보다 실패가 많을 사람들이다. 거기에 흔들리지 않고 상처받지 않으면서 끝까지 달릴 수 있는 마음의 체력이 있어야 한다. 시작은 탈락했다는 '사실'에 지나친 '감정'을 넣어 나의 자존감을 훼손시키지 않는 것이다. 아직 준비가 안 된 분들은 김훈 선생님의『칼의 노래』를 열 번쯤 읽어 본 후에『난중일기』를 한 번 읽어보자.

사실을 사실로만 받아들이는 '통제된 내면의 힘'은 패배와 어려움이 예상되는 구직 기간 중에 정말 큰 힘이 된다. 날씨가 매우 흐리던

10월 어느 날, 열 개 회사로부터 서류 탈락을 통보받았다. 이날 일기를 쓰면 어떻게 쓸 것인가? 한 줄 적어보자.

_____

_____

어떻게 썼는가?

'201X년 10월 X일, 흐림. 열 개 회사에서 서류 탈락했다. 다시 지원하면 된다.'

이렇게 쓰는 것도 감정이 들어가 있다. 좀더 냉정하게 표현해보자.

'201X년 10월 3일, 흐림. 10개 회사에서 서류탈락을 통보 받았다.'

이 문장도 훌륭하지만, 아래와 같이 쓸 수 있는 마음을 지녔으면 좋겠다.

'201X년 10월 3일, 흐림. 아무 일도 없었다.'

어차피 나랑 관계 있던 회사도 아니다. 원래 관계 없던 회사 떨어진 건 아무 일도 안 생긴 거다. 실망하지도 말고, 좌절하지도 말자.

2장.

우리는

왜

취업을 하는가?

원하는 회사에 입사하면 행복할까?

                취업에 있어서는 운이 참 좋았다. 아무것도 준비되지 않은 상황에서 좋은 스터디를 만나서 취업을 위한 기초체력을 기를 수 있었다. 자소서에 적어 내려간 스토리는 스펙을 극복하지 못했지만, 면접장에서 말로 풀어낸 스토리는 스펙을 극복했다. 덕분에, 5퍼센트도 안 되는 서류 통과율로 가장 원하던 회사에 입사했다. 무려 두 번이나 합격하는 우여곡절 끝에 말이다.

    한 번도 최고, 혹은 일등이라는 경험을 못 한 사람이 일등 회사에 들어가니 어색하기도 했고, 뿌듯하기도 했다. 지도 선배가 후배 앞에서, "삼성에서 최고가 된다면, 당신이 세계최고다. 우리는 삼성이기 때문이다"라고 하는 이야기를 들으면서 회사와 그룹에 대한 자부심이 나도 모르게 커져간다. 지금 이런 이야기를 들으면, "잠시만요. 삼성이 모든 분야에서 세계최고는 아니죠. 특히 저희 회사와 제가 하고 있는 직무는……." 어쩌고저쩌고 하며 회사와 나를 능숙하게 분리할 것이다. (물론, 시간이 흘러도 회사와 나를 분리하지 않거나, 못하는 사람이 여전히 있기는 하다.)

자부심이 한없이 올라가 있는 상황에서 삼성생명 입문 교육을 받았다. 교육이 막바지에 다다를 즈음에 배치면담을 했다.

"가고 싶은 부서 있어요?"

"법인영업부서에 가고 싶습니다."

"왜요?"

약간은 의아해하는 표정이었다. FC 영업지원 업무를 주로 하는 개인영업본부나 다른 경영지원부서와 달리, 법인영업본부의 신입사원은 정말로 영업을 나가야 한다. 신입사원이 많이 선호하는 부서는 아니다.

"예전부터 법인영업을 꼭 해보고 싶었습니다."

법인영업을 해보고 싶었다는 대답에 인사팀 과장님의 얼굴에는 '오호~' 하는 표정이 스쳐지나갔다. 내가 삼성생명 법인영업본부에서 법인영업을 하고 싶다고 한 것은 취업 스터디에서 해본 산업분석-회사분석-직무분석 덕분이다.

보험 산업분석과 회사분석을 하다 보면 삼성생명이 업권에서는 타의 추종을 불허하는 1위라는 걸 알게 된다. 분석하면 할수록 가고 싶어진다. 그런데 눈에 띄는 분야가 있었다.

'퇴직연금?'

이름도 처음 들었다. 직원의 퇴직금을 사내에 쌓아두는 것이 아니라 사외의 금융사에 맡기는 제도였다. 정부 정책에 힘입어 향후에 폭발적인 성장이 예상되는 분야였다. 성장이 예상되는 분야라서 그런지, 모든 금융사가 경쟁 중이었다. 삼성생명 같은 보험사뿐만 아니라, 은행과 증권사도 함께 경쟁하는 영역이었다. 무려 50여 개의 금융사가 경쟁하는 영역이었는데 삼성생명이 업권을 불문하고 압도적인 1위였다. 성장하는 시장에서 압도적으로 1위를 하는 회사의 부서라면 꼭 가야 한다는 생각이 들었다. 내가 1등하기는 힘들어도, 1등하는 조직에 묻어가는 건 어렵지 않을 것 같았다. 설령, 내가 이곳에서 밀려난다 할지라도 이직할 회사는 정말 많아보였다.

미래의 비전뿐만 아니라, 하는 일도 내 성향과 잘 맞아 보였다. 새로운 사람을 만나서 관계를 형성하고 회사를 대표해서 계약을 추진하는 일은 내가 충분히 즐길 수 있는 일 같았다. 나의 바람이 전달되었는지, 법인영업부서에 배치받게 됐다. 가장 원하는 회사에서 원하는 부서와 직무를 하게 된 것이다. 취업에 있어서는 원하고 말하는 대로 다 풀렸다.

배치받고 업무를 하다 보니, 스터디에서 했던 산업분석, 회사분석, 직무분석은 완벽했다. 퇴직연금 산업과 보험산업, 삼성생명의 위상과 안정성과 성장성, 법인영업 직무에 대한 분석. 예측에서 벗어난 게 하나도 없었다. 모든 것이 완벽했다. 그런데 이상한 게 하나 있었다. 모든 게 예상과 정확히 맞았다면, 회사생활이 분명 재미있거나 보람차야 한다. 모든 분석은 맞았는데, 나의 회사생활은 너무 힘들었다. 여덟 살 이후 처음으로 맞이하는 방학 없는 삶도 힘들었고, 고등학생들이 자율학습하듯이 매일 10시 넘어서 끝나는 것도 힘들었다. 또, 조직문화 역시 너무 힘들었다. 법인영업 업무도 내가 예상한 데에서 한 치도 벗어나지 않았지만, 너무 힘들었다. 이상했다. 고민을 하기 시작했다.

'뭐가 잘못됐지? 산업분석도 완벽했고, 회사분석도 완벽했고, 심지어 직무분석도 완벽했는데 왜 이리 싫을까?'

답은 쉽게 나오지 않았다. 포기하지 않고 몇 개월 동안 계속 고민했다. 혼자 멍하니 앉아 있기도 하고, 까페에서 책을 읽으며 고민하기도 했다. 그러던 어느 날, 나도 모르게 '아~'하고 나지막한 소리를 질렀다. 내가 왜 힘들었는지 드디어 깨달았다. '산업분석', '회사분석', '직무분석'은 완벽하게 했지만, 가장 중요한 '자기분석'을 빼먹었다. 나를 둘러싼 환경과 조건에 대해서는 철저하게 분석하고 고민했지만, 정말 중요한 '나'에 대해 고민하는 시간이 짧았다. 경솔하고 생각이 짧았다. 현재의 내가 힘든 것은 과거의 내가 고민하지 않은 대가였다. 늦었지만, '나'에 대해 고민하기 시작했다.

'나'에 대해 고민하는 것은 생각보다 어렵다. 아니, 익숙하지 않다. 그리고 일단 너무 피곤했다. 집에 가면 피곤해서 잠자기 바쁜데,

고민할 만한 체력이 남아 있을 턱이 없다. 집에 가서 정장을 입고 손에 핸드폰을 쥔 채로 잠이 든 적도 있었다. 집에서 무얼 하기는 불가능하다고 생각했다. 늦은 시간까지 영업하는 카페에 갔다. 일찍 가서 밤 11시까지만 있을 생각이면, '토끼의 지혜'라는 북카페로 갔고, 더 늦은 시간까지 있을 때는 '게으른 고양이'라는 카페를 갔다. 책을 읽고, 나에 대해 생각하고, 글을 쓰면서 내가 정말 원하는 게 뭔지 고민하기 시작했다.

2년을 읽고 쓰며 고민한 끝에 드디어, 내가 원하던 것을 발견하는 날이 왔다. 아니, 인정한 날이라는 표현이 더 어울릴 것 같다. 내가 좋아하는 것을 이미 알고 있었기 때문이다. 내가 정말 원하는 것은 '재미있는 역사소설을 쓰는 작가'가 되는 것이다. 역사소설 쓰기라면 지치지 않고, 재미있게 할 수 있을 것 같았다. 2년간의 고민 끝에 알아낸 것 치고는 허망한 결과였다. 내가 역사와 역사소설을 좋아한다는 것은 초등학교 때부터 알고 있던 사실이다. 다만, 그것을 외면하고 있었다. 취업에 도움이 되지도 않고, 회사생활에서도 도움이 되지 않기 때문이다. 노골적으로 이야기하면, '밥벌이가 되지 않는다'란 생각 때문이다.

2년 노력 끝에 내가 정말 원하는 일을 깨달았다고 하더라도, 당장 회사를 그만두고 소설 쓰기를 시작할 수는 없다. 그래서 정말 내가 즐기면서 할 수 있을지 연습 삼아 써보기로 했다. 단편 소설 공모전, 신춘문예에 지원하려고 두 편의 소설을 썼다. 물론 두 개 다 떨어졌다. 하나는 임진왜란을 배경으로 한 소설이었고, 다른 한편은 오스만 투르크의 콘스탄티노플 함락을 배경으로 한 소설이었다. 소설은 항상 밤 10시 이후에 카페에서 썼다. 퇴근이 늦다 보니 어쩔 수 없었다. 짧은 소설이지만, 꽤 오랜 기간을 썼다. 어느 날은 새벽 1시까지 쓰기도 하고, 어느 날은 새벽 4시까지 쓰기도 했다. 놀라울 정도로 신나고 재미있었다. 다음날 출근해야 하지만, 손끝에서 변화하는 줄거리와 생명력을 얻어가는 역사 속 인물을 보고 있으니 가슴이 설레었다. 정말 두근두근한 기분이 들고, 흥분이 가라앉지 않았다. 일을 통해서는 느껴본 적이 없었다. 일상적인 일을 하면서 매일같이 이런 느낌이 들수는 없겠지만, 큰 성취를 이룬다면 분명히 이런 감정이 일어야 하지 않을까? 일에서는 전혀 경험할 수 없던 감정을 느끼니까 좋으면서도 심란하다. 일단 내가 좋아하는 것을 제대로 찾았구나 하는 확신이 들고, 또 하나는 내가 원하는 것과 내가 하고 있는 것과의 차이 때문에 마음이 어려웠다. 역사소설 쓰기와 금융업의 간극은 너무 멀게 느껴졌다.

나에게 맞는 일을 찾기
어려운 이유

취업 준비를 하면서, 이 일이 나에게 맞을지 누구나 고민한다. 그럼에도 꿈꾸는 것과 하고 있는 것의 간극은 왜 이렇게 클까?

우선은 일은 본질적으로 어렵고 힘들다. 일 혹은 노동을 의미하는 라틴어 Labor은 고역, 속박을 뜻한다. 원래는 밭을 간다는 의미다. 과거에 일은 노예들이나 하는 것이었다. 일, 특히 취업을 하는 순간 통제를 받는다. 물론 노예까지는 아니지만, 통제를 받아야 한다. 아무리 자율적인 분위기라고 하더라도 혼자가 아니라 '함께' 일을 하기 때문에 약간의 속박은 존재한다.

두 번째 이유는 회사를 내가 선택할 수 없다는 점이다. 과거 세대는 학교를 졸업하며 회사를 선택했다는 이야기가 전설처럼 전해 내려 온다. 우린 당연히 믿을 수 없다. 그 시대에 물을 사 마시는 걸 상상할 수 없던 것처럼, 지금 시대에는 회사를 선택해서 입사한다는 걸 상상할 수 없다. 현재, 특히 우리처럼 스펙이 안 좋은 사람은 대부분 직업을 선택하지 못하고, 회사로부터 간택을 받는 느낌으로 입사한다. 악전고투 끝에 겨우 하나 합격하거나, 여러 개 중에서 그나마 조건이 좋은 곳을 선택하다 보니, 꿈 따위를 고려해서 선택한다는 건 상상만으로 존재할 뿐. 우리가 할 수 있는 일은 아니다.

세 번째는 일을 '일'이 아닌 '일의 대가'를 보고 판단하는 실수다. 일의 본질은 무시하고, 직업 혹은 회사가 주는 혜택만을 기준으로 나에게 맞는지를 고민한다. 회사 브랜드가 좋고 연봉이나 복지도 좋다면 좋은 회사다. 그런 회사는 누구에게나 다 맞는다.

네 번째는 정말 내가 원해서 선택하는 게 아니라 두려움을 회피해서 선택하기 때문이다. 대니얼 카너먼에 의하면, 일반적으로 사람들은 정말 원하는 것보다는 두려움을 회피하려는 선택을 더 많이 한다고 한다. 생각해보면, 나 역시 항상 실패에 대한 두려움 때문에 선택을 해왔다. 중학교에서 고등학교로 진학할 때는 시험에 떨어지는 게 싫어서, 가깝다는 핑계로 점수가 낮은 고등학교에 지원했다. (나는 비평준화 출신이다.) 고1 때 문과와 이과 중 하나를 선택해야 했다. 나는 수학을 정말 못하고, 과학도 싫어했다. 반면 언어 외국어 역사 관련 과목은 항상 잘해왔다. 심지어 공부를 하지 않아도 해당 과목은 전교

1등을 하기도 했다. 그런데 결국 선택은 이과였다. 이과가 대학가기도 쉽고 취업도 쉽다는 생각에서였다. 대학을 선택할 때도 이미 재수를 했기 때문에, 삼수를 하기가 싫다는 이유로 선택했다. 대부분의 선택이 원하는 것보다 두려운 것을 기준으로 삼았다. 나만 그랬을까?

마지막으로 가장 큰 이유는 정해진 답만 찾고, 질문해보지 않았기 때문이다. 초등학교에서 중학교, 고등학교, 대학교를 진학할 때 가장 중요한 건 질문을 찾는 게 아니라 정답을 찾는 것이다. 답은 항상 정해져 있고, 우리는 답만 외치면 되는 삶을 살았다. 한 번도 그런 고민을 해보지 못했고, 자신의 삶에 대해 질문할 시간조차 허락받지 못했다. 난데없이 '네가 정말 원하는 게 뭐야?' '내면의 나를 만나'라는 조언은 조언이 아니라 스트레스를 유발하는 소음일 뿐이다. 수능 만점자가 학원은 다니지 않고 교과서에 충실하고 EBS를 참고했다는 것은 누구나 다 안다. 몰라서 안 하는 게 아니다.

나에게 맞지 않는 일을 하고 있을 이유는 참 많다. 나도 취업을 준비할 때 '나'에 대해 고민을 못 했던 것처럼, 이 책을 읽는 많은 독자도 나와 비슷할 것이란 생각이 든다. 참고 다니기에 회사는 참 막막하다. 중학교 때는 고등학교 올라가면 좋아질 거란 기대를 하고, 고등학교 때는 대학교 때는 좋아질 거라 기대한다. 대학교 때는 취업하면 좋아질 것이라 기대한다. 항상 미래를 위해 현재를 희생하는 삶에 익숙하다. 그런데 취업을 하면 그 다음이라 부를 만한 것이 없다. 만약 주변 선배들로부터 미래의 비전을 발견한다면 다행이다. 하지만 주변 선배의 삶이 결코 즐거워 보이지 않는다면? 회사를 옮겨야 하나? 아니면 서점에 흔하게 널린 책처럼 진짜 나를 찾기 위해 한국을 떠나야 할까?

잡크래프팅 :
남의 일을 내 일로

미래를 위해 현재를 희생하며 사는 삶은 그만 두자. 지금껏 해왔으면 충분하다. 내가 정말 원하는 것을 찾아볼 타이밍이다. 특히, 취업을 준비하는 단계에 이 고민을 한다면 정말 효과적이다. 회사에 들어가면 이런 고민을 하기 쉽지 않다. 일단 몸이 너무 힘들다. 몸이 힘들면 고민하는 게 불가능에 가까워진다. 심리학자 로이 바우마이스터는 두 부류의 실험 대상을 두고 실험을 했다. 한 그룹은 초코칩쿠키를 편하게 먹도록 하고, 한 그룹은 먹지 못하도록 했다. 그 후에 두 그룹 모두에게 어려운 퍼즐을 풀게 했다. 초코칩 쿠키를 먹지 않은 그룹은 퍼즐 풀기를 빨리 포기했다. 바우마이스터는 이미 초코칩 쿠키를 먹지 않으려고 노력하는 데

다가 의지력을 모두 소진했기 때문에 퍼즐을 푸는 데 집중할 힘이 없었다고 해석했다. 회사에서 모든 에너지를 소비한 사람은 나에 대해 소비할 힘이 없다. 취업을 준비할 때야 말로, 온전하게 나에게 집중할 수 있는 마지막 기회다.

정말 원하는 걸 찾았는데 내가 다니는 회사와 업무와는 전혀 상관없어 보인다. 이럴 땐 이직해야 하나? 그냥 그 회사에서 길을 찾을 수도 있다. 내가 정말 원하는 것이 '재미있는 역사소설 쓰기'라는 것을 깨달았을 때, 회사를 그만두고 싶었을까? 다들 정말 원하는 것을 찾으면 회사를 그만두고 싶을 거라고 생각하는데, 모든 사람이 그렇지는 않다. 현실과 꿈의 접점을 찾을 수 있다. 나는 원하는 것이 명확해진 순간, 회사생활이 의미 있고, 재미있어졌다. '의미 있다'라는 말이 성립하려면 '기준'이 있어야 한다. 즉, '~측면에서 의미가 있다'는 말이 제대로 된 표현이다. 내가 정말 원하는 것은 찾았다는 것은 그 기준이 생겼다는 뜻이다.

역사소설을 쓰기로 한 순간 회사생활은 배움의 장이 되었다. 역사소설을 쓴다는 것은 결국 역사 속 사람에 대해 쓰는 것이고, 사람을 알아야 쓸 수 있다. 홀로 자유롭게 있는 것보다 극한 스트레스와 통제가 있는 조직에 있을 때, 사람의 본성을 더 잘 알 수 있다. 게다가 회사에서는 다양한 캐릭터를 직접 관찰할 수 있다. 지나치게 권위적인 사람, 자유분방한 사람, 위기에 닥쳤을 때 조직의 움직임 등. 모든 것이 배움으로 다가왔다. 전에는 부장님께 영업실적 때문에 흔히

하는 이야기로 '까였을 때'는 위축되고, 불만이 가득했다. 그런데 역사소설을 써야겠다고 결심한 순간 부장님께 까이는 순간마저 관찰의 순간이 되었다. '아, 사람을 이렇게 압박하는구나.' 부장님의 모습은 몇 개월 후에 내 소설에 그대로 등장했다.

일을 하면서, 일의 의미를 찾는 경험을 나만 한 것은 아니었다. 통영에 여행을 갔다가 우연히 통영 12공방 이야기를 책으로 읽게 되었다. 통영에 계시는 장인들의 삶과 일에 대한 내용이다. 장인이라고 하면 전형적으로 생계가 아닌 가치를 위해 일하는 분들이다. 그런데 그분들이 처음 일을 시작한 계기는 생계였다. 밥을 굶지 않으려고 시작했고, 친구가 하자고 해서 시작한 경우도 있었다. 처음부터 우리 문화를 지키겠다는 예술혼으로 시작한 분은 거의 없었다. 그냥 우리와 똑같았다. 통영 장인의 이야기를 접했을 때, 약간 흥분했다. 내 경험이 장인의 경험과 같다니……. 이 경험을 책으로 써서 널리널리 전파해야겠다고 다짐했다. 그런데 사람 생각은 다 비슷했다. 내가 경험하고 생각할 정도면, 다른 누군가도 생각하고 경험하는 내용이다.

몇 주 후 서점에서 책을 발견한다. 『잡 크래프팅 하라』. 이 책을 읽고 책을 써야겠다는 생각을 단번에 접었다.

잡 크래프팅이란 주어진 업무를 스스로 변화시켜 더욱 의미 있게 만드는 일련의 활동을 말한다. 주어진 업무를 넘어 직원 개개인이 자발적으로 일을 바라보는 관점을 긍정적으로 바

꾸고 업무 범위와 관계를 조정하거나 업무에 대한 인식을 전
환하려는 노력이다.[*]

　잡 크래프팅이란 결국 회사에서 주어진 일의 의미가 아닌, 내가
만들어낸 일의 의미다. 같은 일을 할지라도 각자 업무에서 느끼는 가
치는 다를 수 있다.

　중세시대 한 신부가 성당을 건설하는 현장을 지나고 있었다. 현
장에는 세 명의 석공이 똑같이 돌을 쪼개면서 일하고 있었다. 그들을
지켜보던 신부가 조용히 다가가 말을 건넨다.

　"당신은 지금 무엇을 하고 있습니까?"

　돌을 쪼개고 있는 사람에게 무엇을 하냐고 묻다니, 어이없는 질문
이다.

　"보면 모르겠습니까? 먹고살려고 돌을 쪼개고 있잖아요!"

　버럭 화를 내는 석공을 피해, 다시 두 번째 석공에게 묻는다. 두
번째 석공은 같은 질문에 다른 대답을 한다.

　"저는 지금 세상에서 가장 아름다운 사원을 만들고 있습니다."

　고개를 끄덕이던 신부는 다른 석공에게 다가간다. 같은 질문을 반
복해서 하는 건, 맘에 드는 답이 안 나왔기 때문이다. (만약, 회사에서
상사가 자꾸 같은 질문을 반복한다면, 듣고 싶은 대답이 나오지 않아서다.)

　"저는 지금 사람들이 천국으로 갈 수 있는 계단을 만들고 있습니

[*] 임명기 / 잡크래프팅하라 p.45

다."

　일의 의미를 이야기할 때 가장 많이 등장하는 돌 쪼개는 세 명의 석공 이야기다. 세 명의 석공은 일을 생계수단(job), 경력과정(career), 소명(calling)으로 파악했다. 우리가 일을 소명으로, 가치를 실현하는 수단으로 파악할 때 일 자체에서 만족감을 얻을 수 있다.

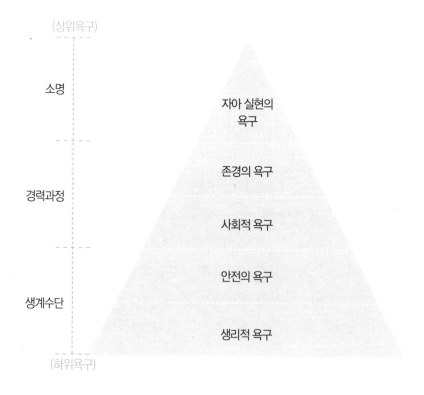

Where에서
Why로

매슬로의 욕구단계설과 유사한 사이먼 사이넥의 골든써클 개념이 있다. 사이먼 사이넥은 『나는 왜 이 일을 하는가』에서, 세상을 움직인 기업과 사람은 what이나 how에 따라 움직이지 않고, why에 따라 움직인다고 했다.

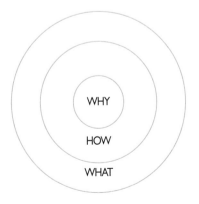

What – 무엇을 : 모든 조직과 개인은 what의 영역을 명확하게 안다. 현재 내가 만들고 있는 제품, 팔고 있는 서비스가 바로 what에 해당한다. 즉, 현재 내가 하고 있는 일이 what인 셈이다. 그냥 돌을 쪼개고 있다고 말한 석공은 what에 집중한 석공이다.

How – 어떻게 : 사람들 대부분은 자신이 하는 일이 '어떻게' 구성되고 진행되는지 알고 있다. 독창적인 프로세스 혹은 기술, 특별한 세일즈 기술 등 자신의 what을 구성하는 차별화된 how를 가지고 있다고 생각한다. 어떻게 좋은 제품과 서비스를 만들 것인지 고민하고 구상한다. 커리어의 관점에서 자신의 직업을 바라본 두 번째 석공은 how의 관점에서 일을 파악했다.

Why – 왜 : '왜 이일을 하는가?'에 대한 답이다. 이 질문에 대한 답은 가치, 이유, 목적 신념 등이다. 일반적으로 사람들이 생각하고 행동하고 말할 때는 what에서 출발해서 why로 들어간다. 천국의 계단을 만들겠다던 석공이나, 장인들은 모두 why를 위해 일한다.

사이먼 사이넥은 why에 집중하는 대표적인 기업으로 애플을 들었다. 애플은 think different라는 그들의 가치를 제품과 서비스를 통해 형상화했다. 결코 컴퓨터를 잘 만드는 게 목적이 아니고, 그들의 가치를 제대로 실현하는 제품과 서비스를 만드는 게 목적이다. 일반적으로 애플이 why를 추구하는 기업이라 생각하고, 삼성은 how나 what를 추구하는 기업이라고 생각한다. 그런데 삼성 역시 철저하게 why를 추구하는 기업이다. 다만, 그 why가 애플과 다를 뿐이다. 삼성

그룹 홈페이지를 보면 경영이념이 나와 있다.

"인재와 기술을 바탕으로 최고의 제품과 서비스를 창출하여 인류
사회에 공헌하는 것."

삼성에게는 인재와 기술 자체가 삼성의 why를 구성하는 핵심 요
소다. 삼성이 만드는 인류사회에 공헌하기 위한 최고의 제품과 서비
스는 인재와 '기술'을 바탕으로 한다. 인재와 기술에 집중하고, 소프
트웨어가 아닌 하드웨어에 강점을 보이는 것은 삼성만의 why를 실천
하는 방식이다. 애플과 다른 방식으로 why를 실현하고 있을 뿐이다.
우열을 가릴 수 없는 가치의 문제다. 혹시라도, 면접에서 제품과 서
비스에 대한 이야기, 회사에 대한 설명을 할 기회가 있다면, 사이먼
사이넥의 골든 써클을 활용해서 설명하자. 그리고 꼭 덧붙이자. "일
반적으로는 why를 추구하는 기업으로 애플을 생각하는 데, 그렇지
않습니다! 우리가 진짜 why를 실현하는 기업입니다."

우리가 입사하려는 기업이 why에 집중할 수도 있고, what에 집중
할 수도 있고, how에 집중할 수도 있다. 그럼 나는 취업을 할 때 무엇
을 기준으로 선택했을까?

당연히 why도 아니고, how도 아니고, what도 아니었다. 나의 기
준은 where이었다. 골든써클에 그려져 있지도 않은 where를 기준으
로 회사를 선택했다. where이 목표였는데, 가고 싶던 where에 갔다.

다음 목표가 보이지 않고, 회사가 의미 없게 느껴지는 것도 당연하다. 우리의 학창시절은 where을 성취하는 데에만 조준되어 있다. 이제는 why에 정조준 할 시기가 왔다.

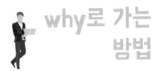

why로 가는 방법

why를 찾는 방법은 사람마다 다양하다. 나는 읽고 쓰는 방법을 통해 내 why를 찾았지만, 고민하면서 일을 함으로써 자연스럽게 찾는 사람도 있다. 그래도 취업을 준비하는 과정에 있거나, 취업한 이후에도 계속해서 고민한다면, 읽고 쓰는 방법이 가장 쉬울 거라 생각한다.

❶ 나에 대해 고민하는 읽고 쓰기

첫 번째 단계에서는 나에 대해 고민해본다. 익숙한 나의 관점에서 나를 보기보다 다른 사람들의 관점을 통해 나를 생각해보자. '나'에 대해 쓴 자기계발서를 읽으면서 마음에 와 닿는 문구가 있다면, 그

부분에 대해 써보자. 핵심은 읽기가 아니라 쓰기다. 눈으로 읽을 때는 작가의 생각을 알 수 있지만, 손으로 쓰면 내 생각을 알 수 있다.

좋은 책들이 많이 있지만, 어떤 책을 읽어야 할지 모를 경우에는 아래 책을 읽어도 좋다.

『나는 누구이고 무엇을 원하는가』 / 믹 유클레야, 로버트 L 로버

딱 한권만 읽어야 한다면 이 책을 추천하겠다. 정말 많은 생각을 하고, 많은 글을 쓰게 만들고, 많은 고민을 하게 한 책이다.

『나는 남들과 무엇이 다른가』 / 정철윤

저자가 한국 사람인만큼 공감 가는 사례도 많고, 중간중간에 독자의 생각을 직접 쓰는 부분도 많이 있다. 쓰면서 생각해보기에 정말 좋은 책이다.

『잡 크래프팅 하라』 / 임명기

『인생학교 – 일』 / 로먼 크르즈나릭

『잡 크래프팅 하라』와 『인생학교』는 일의 의미를 찾는 행동이 얼마나 중요한 것인가를 알려주는 책이다. 또, 전반적으로 일에 대해 생각해볼 수 있다. 직업관을 정립하는 데 도움이 된다.

『최고의 석학은 어떤 질문을 할까』/ 미하이 칙센트 미하이 외

이 책은 읽기보다는 쓰기에 적합하다. 세계의 석학들이 제시
한 질문을 주제로 '나'에 대해 써보자.

『꿈이 나에게 묻는 열 가지 질문』/ 존 맥스웰

내가 원하는 것을 찾았다면 이 책을 통해 점검해보자. 여기
에 나오는 수많은 질문에 (질문이 열 개만 있는 게 아니다) 대
한 답을 써보면서, 지금 나의 꿈이 내 꿈이 맞는 것인지, 내가
이룰 수 있는 꿈인지 생각해보자.

책 읽기가 습관이 되지 않은 사람들은 책 읽는 시간을 만들자. 하
루에 15분씩 딱 네 번만 만들어보자. 가령, 아침에 일어나자마자, 점
심시간, 저녁 시간 후, 취침 전, 이렇게 하루 네 번만 15분씩 만든다
면 하루에 60분은 책을 읽을 수 있다. 이 방법은 시간이 없는 직장인
에게 유용하다. 한 번에 한 권을 다 읽으려는 생각은 버리자.

하루 네 번에 걸쳐 읽었다면, 잠자기 전에 꼭 써보자. 한글 파일에
써도 좋고, 블로그에 써도 좋다. 개인적으로는 블로그에 쓰는 방법을
권한다. 누군가가 내 글을 읽는다는 생각을 하는 순간, 글을 쓸 때 좀

더 고민하게 된다. 혼자만의 워드 파일에 적는다면 표현도 신경 쓰지 않고 편하게 적는다. 블로그에 적으면 표현에 대해서도 고민하게 된다. 표현이 바뀌면 생각도 바뀐다. 좀 더 깊이 다르게 생각하려면 나만 보는 곳이 아니라, 다른 사람도 볼 수 있는 곳에 글을 남겨야 한다.

❷ 나의 선택 되돌아보기

작가의 관점으로 나를 생각해봤다면, 이번에는 나의 관점으로 나를 돌아보자. 나는 다섯 개의 기준을 바탕으로 고민해봤다.

① 주변의 평가(칭찬, 비난 등)에 대한 나의 생각을 써본다.

② 내 꿈에 대해 써본다

③ 내가 좋아하는 것들에 대해 써 본다.

④ 내가 좋아하는 감정에 대해 써 본다.

⑤ 나의 선택에 대해 써본다.

다섯 가지의 원칙에 따라 아래 질문이 파생되었다. 하루에 하나의 주제를 가지고 글을 쓰기도 하고, 때로는 하나를 나눠서 쓰기도 했다.

1 나는 누구인가

2 내가 추구하는 정신적 가치(내 꿈의 본질적 가치)

계속 하나의 질문을 던지거나, 근원을 따라 올라갔다. 너무 생각을 많이 해서 쓰기보다는 의식의 흐름에 따라 쭉 써내려갔다. 이 궁리는 블로그에 올리지 않고, 혼자 써 내려갔다. 아래는 설렘에 대해 쓴 글이다. 잘썼다 못썼다 판단하지 말고, '이 사람은 이렇게 감정에 대해 생각해봤구나'라는 느낌만 알아가자.

5 내가 좋아하는 감정 (1) - 설렘

내가 언제 가장 설레는지 생각해보자. 그냥 좋았고 나쁘지 않았다는 감정이 아닌 설렘이 존재한 순간부터 찾아보자. 그리고 그 순간, 내가 가장 설레었을 때가 기억났다면 왜 설레었는지 정확히 적어야 한다. 단순히 좋았다가 아니라 구체적 이유, 감정의 흐름 등을 좀 더 세부적으로 적어야 한다.

예를 들면 나는 역사를 좋아한다고 생각했으나, 고민하다 보니 다양성의 가치를 담은 이야기를 더 좋아하고, 이 재밌는 것을 나누는 것을 좋아했다. 그냥 좋아하는 소재에서 출발해, 내가 언제 더 흥미를 느끼는지 알아보았다. 그렇게 하다 보니 정말 두근두근하면서 좋아하던 부분은 '역사적으로 소수였던 세력이, 자신의 철학과 고집을 버리지 않고 묵묵히 자신의 일을 할 때 역사의 흐름이 바뀌었음'을 좋아했다. 세분화에서 나온 발견이다.

그렇다면 첫 번째 질문에 대한 세부 질문도 있어야 한다.

① 언제 설레었나?

② 그 이유는 무엇인가?

③ 설레었던 감정의 기저에 깔린 가치는 무엇인가?

내가 굉장히 설레었을 때는 역사책을 읽을 때였다. 확실히 어린 시절부터 그때가 설레었다. 어린 시절 『대세계사』라는 책이 있었다. 몇 십 년은 된 듯이 누렇게 변해 있었다. 색이 바랜 종이에서 왠지 세월의 향기 같은 것들이 풍겨 나오는 느낌이었다. 그런 누런 종이의 역사책을 보고 있으면, 내가 그 순간을 느끼는 듯한 기분이 들었다. 시공을 초월해서 그 순간을 직접 대면하는 듯하다. 『대세계사』를 읽을 때, 그리고 시오노 나나미의 책을 읽을 때, 대부분 유럽의 역사 중세 혹은 르네 상스(요즈음은 르네상스다) 시대에 대한 것을 읽을 때 그렇 다.

설레는 이유를 말하는 건 굉장히 어렵다. 정확히 모르겠다. 단지 종이 냄새가 주는 것인가, 아니면 이미 끝나버린 것을 탐구한다는 것, 어차피 이 흥미진진한 이야기는 정해져 있고 나에게는 어떠한 영향을 미치지도 못한다는 사실이 안도감 을 주어서일까. 이것에 대해 읽고 쓰고 알아갈 때 느끼는 설 렘의 감정은 지속적으로 탐구해봐야겠다.

최근에는 소수 혹은 비주류가 주류계층의 한계를 뛰어넘고 자신의 존재감을 과시하는, 혹은 흐름을 바꾸는 이야기에 매료되어 있다. 이러한 이야기를 공유하며 다양성의 가치를 인정하는 사회를 만들고 싶다는 것이 나의 꿈이다. 이러한 이야기를 접할 때의 설렘은 전복의 쾌감일까? 그렇지 않으 면 억압적인 조직문화에 있다 보니, 그에 따른 저항감인가. 이 이야기를 통해 다양성의 가치를 인정받고 싶다는 욕구는 사회생활 초에 느낀 억압감에 대한 반작용일 수도 있다. 그 리고 그 문화가 나와 회사의 성장에 한계를 드리운다는 생각 도 한다.

아웅 졸리…….

두 번째, 소극장에서 연극을 보기 전 암전의 순간.

소극장에서 접하는 암전의 순간 제일 설렌다. 물론 영화를 볼 때도 몹시 설렌다. 그러나 영화 볼 때 암전의 순간이 설레는 것은 혼자 보러 갔을 때의 이야기이다. 소극장에서 만나는 암전의 순간에는 항상 설렌다. 혼자 보러 가든지, 둘이 보러 가든지 여럿이 보러 가든지 말이다. 남의 삶을 들여다보는 느낌 때문에 항상 설레는 듯하다.

❸ 생각 정리하기

한참 쓰다 보면, 나라는 사람을 좀 더 정확하게 알게 된다. 특히 정말 원하는 게 무엇인지 흐릿하게 느껴질 때가 있다. 글이 쌓이다 보면 정리가 안 되고 사유의 덩어리가 머릿속을 둥둥 떠다니는 듯한 답답함이 느껴질 때가 있다. 이럴 때는 쓰기보다는 생각을 할 때다. 책상에 앉아서 생각하지 말고, 다른 장소에서 다른 자극을 주면서 생각해보자. 로버트 루트번스타인과 미셸 번스타인은 그들의 공저 『생각의 탄생』에서 생각을 위한 13가지 도구들을 제안한다. 핵심은 '다르게 보기'와 '배운 것을 도구화하기'다.

우리가 실재를 이해하기 위해서는 상상력을 빌리고, 배운 것들을 이용해서 해석해야 한다. 문은 단순히 경첩이 달려있는 나무판이 아니다. 수학적인 관점, 물리적인 관점, 공예적인 관점, 시각디자인 적인 관점으로도 볼 수 있어야 한다.*

문을 바라볼 때도 수학적 관점, 공예적 관점, 시각 디자인적 관점에서 보듯이, 나에 대한 생각도 다양한 관점에서 접근해보자.

기본적으로 환경을 바꾸는 것이 가장 좋다. 미술관에서 그림과 연관 지어 생각해보자. 그리고 스터디룸을 빌려 그동안 생각한 것들을 그림으로 그려보거나, 키워드로 칠판에 정리해보자. 그 내용을 한발 자국 떨어져서 지켜보며 생각해보자. 제한된 시간 동안 나만 있는 공간에서 생각하면 평소에 막혀 있는 생각의 실마리가 풀리는 경우가 많다. 나는 금요일 저녁에 일찍 자고, 토요일 아침에 일찍 일어나서 생각을 정리하는 경우가 많았다.

나는 why를 찾고자 이 세 가지 단계를 반복했다. 2년 정도 고민했지만, 실제 이 방법을 이용한 것은 1년이 채 안 된다. 그 전에 1년은 나에게 최적화된 방법을 찾기 위한 시행착오였다. 내가 정말 원하는 것을 찾는 데 1년이 걸릴지, 2주가 걸릴지 아무도 모른다. 혹은 나보다 훨씬 더 오랜 시간이 걸릴 수도 있다. 그렇지만 미래가 아닌, 현재

---

* 로버트 루트번스타인 / 생각의 탄생

를 사는 사람이 되려면 찾아야 한다. 오랜 고민 끝에 찾았을 때에는 전혀 다른 구직활동, 전혀 새로운 직장생활을 할 수 있다.

Why를
이루기 위해
일하기

원하는 것이 명확해지고, 현재 하는 일에 새로운 의미가 생기는 잡 크래프팅을 경험했다. 그러면 계속 이 상태로 회사를 다니면 될까? 의미를 찾았더라도, 좀 더 나의 why에 가까운 일을 하려는 노력이 필요하다. '역사소설 쓰기'의 본질은 새로운 컨텐츠를 만드는 것이다. 당시 삼성생명 내에서 새로운 컨텐츠를 만드는 일이 무엇인지 찾아봤다. 대부분 회사의 컨텐츠를 만들고, 회사의 관점에서 일을 해야 하지만, 딱 하나 나의 관점과 이야기를 할 수 있는 직무가 있었다. 바로 사내강사다. 정해진 주제 안에서는 나의 관점에 따라 컨텐츠를 만들고 전달할 수 있는 자리다. 부서를 옮기기 위해 3년 동안 노력했다. 부서 이동이 있었다. 드디어 법인영업부서를 나와 사내 강의를 할 수 있는 부서로 가는 줄 알았는데, 바로 옆 부서로 갔다. 아쉬움이 가득한 상황에서 근무를 했다. 그때, 사내 공모가 떴다. 사내 강사 업무를 그룹 내 교육계열사로 이관한다는 발표였다. 사내 강사 업무를 하고 싶은 사람은 회사를 옮겨 업무를 할 수 있는 기회가 생겼다. 뒤도 돌아보지 않고 지원했다. 비록 연봉이 엄청나게 깎이지만, 전혀 신경 쓰지 않았다. 그리고 현재, 옮긴 회사에서 사내 강사로 근무하고 있다.

잡 크래프팅을 통해 'where'를 위해 일하는 삶과 'why'를 위해 일하는 삶을 모두 경험해봤다. 두 삶의 가장 큰 차이는 스트레스의 차이다. why를 위해 일하면, 스트레스가 거의 없다. 믿을 수 없겠지만, 정말 스트레스가 없다. 압박을 받는 상황이 발생하더라도 스트레스를 정말 안 받는다. 어차피 일이란 가치 실현의 도구고 과정이다. 일의 성공과 실패보다 중요한 것은 내가 그 가치 실현을 위해 꾸준히 노력하는 것이다. 스트레스가 발생하는 가장 큰 이유는 내가 원하는 나와 현재의 내가 불일치하기 때문이다. 가치를 위해 일하면 현재의 나와 내가 원하는 나가 일치한다. 스트레스가 비집고 들어올 틈이 많지 않다.

취업 준비를 하는 단계에서 why를 발견한다면, 취업을 준비하면서 겪는 실패가 나를 넘어뜨리는 걸림돌이 아니라 성장시키는 디딤돌로 여겨질 것이다. 이 책을 읽는 모든 분들이 자신만의 가치를 실현하며 일할 수 있기를 바란다.

스토리로 두번 합격하라

이 책을 선택한 분에게 추천하는
처음북스의 자기계발 시리즈

| 리딩하는 자세 |

내가 정상에서 본 것을 당신도 볼 수 있다면

지은이 **앨리슨 레빈** | 옮긴이 **장정인**

희박한 산소, 영하 40도의 추위, 멈추는 순간 찾아오는 죽음.
극한의 상황에서 알게 되는 삶의 지혜는 평소와 같은 오늘을 살아가며 우리가 느끼는 바와는 전혀 다르다.

가지고 있는 것에 집중하기

지은이 **캐서린 크래머** | 옮긴이 **송유진**

'만약'을 '현실'로 바꾸는 방법. 말과 행동을 긍정적으로 바꿀 때 더 멀리, 더 빠르게 갈 수 있다.

| 세계적 경영 그루가 살아가는 법 |

생각 좀 하고 살아라

지은이 **야마다 아키오** | 옮긴이 **남혜림**

근무시간 7시간 15분, 잔업금지.
그러면서도 가장 생산성이 높은 회사를 만든 비법과 삶의 자세.

워렌 버핏의 위대한 동업자, 찰리 멍거

지은이 **트렌 그리핀** | 옮긴이 **홍유숙** | 감수 **이정호**

담배꽁초 같은 주식만 줍던 워렌 버핏을 위대한 가치 투자자로 거듭나게 만든 동업자이자 친구 찰리 멍거의 철학.

| 청소년을 이해하자 |

소셜시대 십대는 소통한다

지은이 **다나 보이드** | 옮긴이 **지하늘**

네트워크 된 세상에서 십대들은 어떻게 소통하는가?
그들에게 놀이터는 페이스북이고 수다는 인스타그램이다.

십대의 두뇌는 희망이다

지은이 **대니얼 J. 시겔** | 옮긴이 **최욱림**

십대의 톡톡 튀는 성향은 인류가 가진 본능이다. 이 본능 덕분에 우리가 발전할 수
있었음을 이해하고, 이런 힘을 성인까지 유지할 수 있다면 또 다른 도약을 할 수
있다는 새로운 시각을 만나보자.

| 가정과 교육 |

창의적인 아이로 만드는 12가지 해법

지은이 **줄리아 카메론** | 옮긴이 **이선경**

아이의 예술적 감성을 키워주는 12가지 해법을 전한다. 부모가 모든 것을 희생한
다고 생각하지 마라. 부모가 스스로를 사랑해야 아이도 여유를 찾고 창의성을 키운
다.

우리 아기 발달 테스트 50

지은이 **숀 갤러거** | 옮긴이 **장정인** | 감수 **이지연**

아기의 발달 과정을 부모가 재미있는 실험을 하면서 직접 파악할 수 있다.
아이의 손과 눈을 보라. 무슨 말을 하는지 알 수 있다.

요가 치료

지은이 **타라 스타일즈** | 옮긴이 **이현숙**

우리에게 흔히 나타나는 50가지 질환을 이겨내거 아픔 없이 살게 해주는
요가 치료법.

P53, 암의 비밀을 풀어낸 유전자

지은이 **수 암스트롱** | 옮긴이 **조미라**

오랜 기간의 연구 끝에 암을 일으키는 원인 유전자(혹은 치료 유전자)라고 밝혀진
p53. 이 유전자를 발견함과 동시에 인간은 암과의 전쟁에서 승기를 잡았다.

인간은 왜 세균과 공존해야 하는가

지은이 **마틴 블레이저** | 옮긴이 **서자영**

단 한 번의 항생제 사용으로도 우리 몸 속에서 우리를 도와주던 미생물계는
큰 타격을 입는다.
우리는 우리 몸 속에 사는 세균과도 공존해야 하는 운명인 것이다.

통증에 대한 거의 모든 것

지은이 **해더 틱** | 옮긴이 **이현숙**

음식, 운동, 습관 변화, 약물, 치료로 통증 관리하기.
전인적 치료법으로 통증은 관리될 수 있다.

두뇌 혁명 30일

지은이 **리차드 카모나** | 옮긴이 **이선경**

미국 최고의 웰빙리조트 '캐년 랜치'에서 사용하는 뇌 개선 프로젝트.
두뇌도 몸의 한 기관이다. 몸의 건강을 지키듯이 두뇌 건강도 개선할 수 있다.